U0595482

极简学习法

考试高分的秘密

廖恒◎著

Minimalist Learning

北京联合出版公司
Beijing United Publishing Co.,Ltd.

前 言

写这本书的初心

　　这本书能帮助孩子在考试中得高分，也能帮助成年人快速学会、掌握一定的知识和技能。

　　为什么这么说呢？

　　我想和大家聊一下我写这本书的初心。这本书的内容，曾经像电流一样，那么强烈地触动过我。

　　2020 年发生疫情的那个春节后，我创办的短视频公司签约了很多清华北大（以下简称"清北"）的学生。因为要做他们的短视频账号，自然需要和他们有非常深度的沟通和交流。每次和学生做过深度沟通，尤其是关于"你是怎么通过学习考上清北的？"这类问题后，我总是会有一种恍然大悟的感觉。

"原来学习是这么学的啊！难怪人家能考上清华北大。如果我读书的时候知道这些方法，不一定能考上清华北大，但是考上一所国内顶级大学，应该是没有什么问题的。"

公司的很多员工也有这样的感受。很多小伙伴都说："我终于知道为什么他们才是学霸，而我只是'学渣'了！"

最开始，我的感受是，每个学生都有一套自己的学习方法，都有自己的学习绝招；但是后来，随着沟通次数的增多，我发现他们的学习方法看似不一样，但从本质上来说，其实是一致的。

我当时就有一种感觉，既然都是学习，都是为了参加考试，为了"在高考中拿下高分"，方法一致是极有可能的。

带着这个发现，我就去做验证。后来，我又

专门找了一些没有在我公司签约的清华北大的学霸，以采访的方式与他们直接沟通，询问他们是怎么学习的。

结果不出我所料，虽然这些学霸中每个人都有自己的学习方法，但学习方法在本质上都是一致的。

于是，我就和几位同样对"清北"学霸有研究的教育人士进行了沟通，他们也持同样的观点。其中有一位追踪性研究"清北"学霸甚至"清北"学霸家庭的教育从业者告诉我：考上清华北大的学生，只有极少数是天才级别，也就是极度聪明的，这种学生只占大约5%，他们不需要特别的学习方法，就能直接考上。但剩余的大约95%的学生都是通过科学的努力考上的。这种科学的努力背后是一套科学的学习方法。因为他们参透了学习的本质，也参透了高考的本质，所以只要按这套科学的学习方法去做，就有可能考上。其实，多数能考上国内顶级大学的学生，都极有可能考上清华北大，或者都具备这个实力。只是他们对学习的本质和高考的本质，没有理解得那么透彻，所以就会出现疏漏，导致他们在高考时少考二三十分，最终与清华北大失之交臂。

经过更多样本的研究以及与更多教育行业人士的交流，我更加确定了自己的想法。于是，我开始总结"清北"学霸学习方法的共性，形成了一套完整的体系，它非常简单，任何学生都可以直接套用。

我之所以要总结"清北"学霸的学习方法，是因为我一直有这样一个初心：我希望中国的每个孩子，都能"学会学习"，知道如何学习。

为什么我要做这件事呢？因为在目前的教育大背景下，孩子一方面需要在考试中取得好的成绩，考入更好的大学；另一方面如果想要成才，不能只看分数，还需要学习各方面的知识，要全面发展。

但是对于大多数孩子来说，他们的情况都是

为了考高分在学习上花费了很多时间，只有很少时间，甚至几乎挤不出时间去学自己感兴趣的知识，去读自己想读的书，去看外面更广阔的世界。

所以，我想让每个孩子都学会学习，这样他们就能够腾出更多的时间，追求全面发展。

当我总结完这套方法后，我便联系到了时代华语传媒公司的图书策划人亚丁老师，表示希望能够合作出版关于"学霸学习法"的书，亚丁老师表示很感兴趣。

最开始，这本书的定位是"'清北'学霸学习方法"，目标用户是小初高的学生以及学生家长，目的是希望他们看完这本书，掌握这本书里面的学习方法后，花更少的时间，取得更好的成绩。

在我们两人详细沟通这本书的细节内容的过程中，我们产生了一个共同的感受，那就是我所总结的这套"'清北'学霸学习法"，不仅适用于小初高的学生，也适用于想要学习其他知识和技能的成年人。

于是，我们有了一个新思路，可以抽丝剥茧，在这个基础上，总结出一套适用于任何学习用途的学习方法，这是一件意义更大的事，本书也将是一本能惠泽更多人的书。

就这样，这成了我写作本书的新的初心：让每个人都学会学习。

当有了这个新的初心后，我首先做的一件事，就是从自己下手，看看自己到底是怎么学习的。毕竟我对自己是最了解的。

其实，我一直认为自己是一个学习能力还不错的人，因为这么多年，我从大学开始，新闻专业的知识以及掌握的技能，基本上是靠自学。

我大学学的是英语专业，但是我一心想干新闻。于是，大学四年，我利用业余时间自学新闻，自己实践，在学校做报刊的主编，也拿到过省级的新闻奖，而且还有多篇文章发表在《中国青年报》《新民晚报》等媒体上。要知道，我们学校连新闻专业都没有，我没有机会接受任何专业的新闻培训和系统指导，基本上都是靠自学和思考来做这些。大学毕业后，我在没有任何专业背景的情况下直接做了《环球时报》的特约记者。工作一年后，就进了搜狐新闻中心做国际新闻编辑，当时我们组几乎一半以上的同事是清华大学新闻专业毕业的。

后来，我做营销、做短视频等，多多少少取得过一些成绩，也大都是靠自学。

我一直有一种感觉，如果我决定要做一件事或者要学什么，我就一定能学会、能做好。

虽然我自己也总结过一些学习方法，但没有系统地、深度地思考过。我有一个基本的感知，就是在学习的过程中，不管是学知识，还是学技能，都要先把东西搞懂，然后学以致用。

对比"清北"学霸的学习方法，我发现他们也都会经历这样的过程。

所以，我想把这套学习方法，总结得再清晰具体一些，最好能总结出一套清晰的步骤，能让大家马上可以使用。

在思考的过程中，我想起了我采访过的一个清华男生，他对"如何学习"有着极为精准的概括，而我所总结出来的这套"极简学习法"，就是直接来源于我对他的那次采访。

这个清华的男生在高中时学的是理科，在清华读本科时学的也是工科类的专业，后来读研时去了清华的法学院。当然，不管是高中读书，还是本科学工科，研究生学法律，他都非常优秀，也就是说，他在任何科目的学习中都表现得很好。

他非常喜欢研究"如何学习"。他给我看过他自己总结的"如何学习"的材料，光是PPT就有好几套，每一套都是几十页，既系统，又有细节；既有工科男的逻辑，又有法律工作者的严谨。

所以，他对如何学习有非常深刻的认知。而且，他在学习的同时，还会做一种"特殊的家教"——他不仅教孩子知识，而且引导孩子爱上学习，主动学习，最终达到会学习的效果。

他给我讲了一个他做家教时的典型案例。这个孩子是小学生，家长都是高知分子，但是孩子不爱学习，成绩也一般。给这个孩子做家教的第一天，他并没有教孩子任何东西，而是和孩子沟通。结果孩子的爸爸就质疑，为什么没有给孩子上课。他就说："如果您想找一个家教老师给孩子上课，那完全没有必要找我。如果您相信我，您就给我一个星期的时间，我一定能够让您看到变化。"

一个星期后，这个孩子就像换了一个人似的，曾经爱看的电视不看了，爱玩的游戏也不玩了，开始主动学习。一段时间过后，孩子的学习成绩突飞猛进。

这个清华的男生做了什么，由此给这个孩子带来这么大的变化呢？其实，他只是先帮孩子确定自己的理想，规划出一套实现理想的路径，并和现在的学习联系起来。这样孩子明白了现在学习的目的和意义，就开始主动学习了。当然，他也教了孩子学习的通用方法，孩子知道了怎么学，马上就看到了自己的进步，由此产生的正向反馈让孩子对此后的学习更有信心了。所以，他做的家教就是这种"特殊的家教"。

回到前面讲的，这个清华男生对"如何学习"有极为精准的概括。那他是怎么概括的呢？当时我在采访时问他："你有什么压箱底的学习方法吗？"

他说："也不算什么压箱底的学习方法，其实任何学习都可以分为三个阶段。第一是知识的输入，就是先把新的知识输入进来；第二是要消化这些输入的知识，把它们都搞懂；第三是把学到的这些知识用起来。"

没错，这三步，就是本书"极简学习法"的三步：精准输入、深度消化、多元输出。

当得出这三步后，我又把这三步代入我深度沟通过的"清北"学霸们用的学习方法，我发现，虽然大家说的方法不一样，但本质都是一致的。

我在采访雨果奖得主、本硕博都在清华就读的郝景芳时，她说自己的学习过程就是把所学的知识先理解再应用的过程。她特别强调，一定要先从根儿上理解，再去做题，否则，没有学明白直接去做题是完全没有用的。

　　她还说到，她自己在上中学时，做的题目并不多，关键是把知识学懂。对于理科的科目，就是先要把公式、定律等这些知识点理解透彻，真真正正地搞明白，再去做题，在做题的过程中去理解和应用这些知识。

　　在采访郝景芳时，她还分享了自己考上清华后的一段故事。有一段时间，她没有按照自己的这套学习方法去做，结果遇到了很多问题。

　　她在清华本科读的是物理专业，学的专业课知识比较难。在上大学之前，她并没有遇到太多学不懂知识的情况，因此，这段时间她有点着急，尝试了很多办法，效果都不太好。

　　不过到后来，她想起自己一直使用的学习方

法，就是要从根儿上理解所学的知识。她开始静下心来，仔细反复读教科书，思考教科书上的概念，去认真理解这些物理知识，经过一段时间的学习，她果然把这些知识都学明白了。当然，学校的考试，她也能轻松应对了。

有了这么多案例，而且也经过了自己的深度思考，我就带着这个思路和亚丁老师再次深度沟通，他也非常认可我总结的"极简学习法"的这三步。他说，之前他做过的有关学习的书，以及他读过的很多关于学习的书，多多少少包含着这三步，只是没有如此清晰具体地提炼出来。学习的本质就是"输入、消化、输出"这三步，只要掌握这三步，任何知识和技能的学习都能用得上。

以上，就是这本书出炉的全过程，而我的初心也从"让每个孩子学会学习"变成了"让每个人学会学习"。

可以说，这本《极简学习法》既能让每个孩子学会学习，花更少的时间取得更好的成绩，也能让每个在学习中感到困惑或不知道如何学习新技能的人从中受益。而且，这本书中很多案例都是"清北"学霸的真实经历，孩子或者家长在读时，一定会产生"原来学霸是这么学习的啊"的感觉。所以，我推荐家长给自己的孩子买一本《极简学习法》，孩子早一天读，学习就能早一点变得更简单、更高效、更轻松。

当然，每个想学更多知识、更多技能的朋友，也可以阅读这本书。因为有了这套学习方法，你能学会任何知识。

最后，这本书的出版，我想感谢一些人。

毫无疑问，要感谢本书的策划人亚丁老师。没有他，这本书完全不是今天的样子，很可能只是一本教孩子如何学习的书。

另外，要特别感谢我们团队学霸传媒的所有小伙伴，这本书是我们团队成员共同的结晶，并不是我一个人的成果。

最后，要感谢我深度沟通或者深度采访过的

"清北"学霸，他们的学习方法和智慧，是这套学习方法的根源。以下是部分名单：

郝景芳　清华本硕博毕业，作家，雨果奖得主

刘嘉森　2015 年高考河北省文科第 2 名

北大棕博士　北大哲学本硕博，浙江高考文科 716 分

北大小卡学姐　2018 年高考河北文科第 9 名，总分 696 分，数学满分

北大付小梦　2020 年高考河南省文科第 14 名

北大然然子　2018 年高考新疆文科第 15 名

清华阿哲　2017 年高考山东省淄博市第 1 名，理科数学满分

清华小橙　2017 年高考甘肃省理科第 4 名，清华大学电子系

北大彤彤学姐　北大 2019 级学生，从高一年级垫底 700 多名逆袭考上北大

北大小蓝学姐　北大金融科技硕士，2015 年高考四川宜宾市理科区第 1 名

北大徐元宝　北大本硕，2015 年从河南考上北大

清华杨小过　清华电机系，全县 30 年来第一个考上清华的学生

清华朱迪迪　清华本硕，法律硕士，从贵州考上清华

北大曹同学　2020 年高考山西省文科第 9 名，北大外国语学院

北大迎春学姐　2020 年高考安徽省文科第 15 名，北大经济学专业

北大小杜学姐　2020 年高考江苏省文科第 34 名，北大城乡规划专业

廖恒

2021 年 12 月 12 日

于北京海淀

/ 目录 /

第一部分

极简学习法的概念及三大优势

第二部分

精准输入：用对的姿态，精准学习

第三部分

深度消化：如何彻底搞懂知识

第四部分

多元输出：四层输出，把知识真正用起来

第五部分

最佳状态，极简学习的三个好帮手

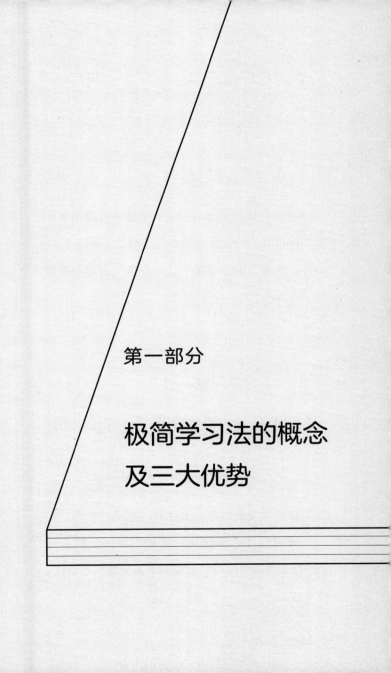

第一部分

极简学习法的概念
及三大优势

什么是极简学习法？它和其他学习方法有什么不同？它为什么能够让你三步学会一切？这一部分，我来告诉你答案，让你快速了解这种神奇的学习方法。

第一节

极简闭环：输入消化输出，三步学会一切

极简学习法的第一大优势，就是"极简"。

极简到什么程度呢？就是不管你学什么知识、什么技能，都可以简单到只需要输入、消化、输出这三步。

看到这里，你可能会说，这怎么可能，是否夸大其词了。毕竟，别说知识和技能的学习有本质的区别，即使是不同的知识或者技能在学习时也是千差万别，而且学习的目的不一样，学习的方法自然也是多种多样的。

请你先放下这个想法，往下看，我带你具体认识一下这三步，了解为什么这三步能有如此万能的效果。

输入：输入你要学习的知识。

比如，你想做平面设计的工作。那么，你就需要掌握两个关键技能：会制图、懂排版。接下来，你就找到制图和排版的学习材料，或者找到对应的老师，直接开始学习即可。

当然，你要学其他知识和技能也是如此。我们在学习时都会经历一个从不会到会的过程，对于你来说，想要学习的东西，在你没有开始学习前，都是新的。所以，不管任何类型的学习，第一个步骤都是先输入，就是先将知识植入你的大脑中。

消化：搞懂和理解你要学的东西。

有些知识，你一学就明白了；而有些知识，你学一下不能完全明白。同理，有些技能，你一学就会了；而有一些技能，你可能学了很久还是没有掌握。

所以，在输入后，你需要把所学的知识或技能真正做到理解并掌握，这就需要你进行专门的消化。只有当你完全理解了、掌握了，才是真的消化了、学懂了，这些知识也才真正属于你自己。达到这种程度，你才能进入下一步：输出。

输出：把学会的知识和技能用起来。

我们学到的知识或技能，如果只是存在于我们的脑袋里，即使学得再明白，掌握得再熟练，不去使用它，它也不会真正发挥它的价值。

所以，极简学习法的第三步，就是把学会的知识和技能真的用起来。只有当我们把这些知识和技能用起来的那一刻，它的价值才真正体现出来，整个学习的过程，才真正得以完成。

我们常说，"学以致用"。我们把学会的知识和学到的技能输出，也就是用起来，去解决现实中的问题，才是我们学习的终极目的。

当然，从学习效果的角度来说，如果你能把学到的知识和技能用起来，解决现实中的问题，那也就达到了学习的目的，学习效果自然是毋庸置疑的。

看完这三步，先暂停下来。想象一下，你最近刚刚学过的某些知识或者某项技能，分析一下你的整个学习过程，是不是经历了"输入、消化、输出"这三步？如果你很久没有学习新的东西了，那你也可以想象一下你接下来想学的某个东西，你想想是不是也可以通过这三步来完成。

我相信，你的答案一定是：的确如此。

为什么我如此确定呢？因为任何新东西的学习，不管你怎么去学，本质的过程都是"输入、消化、输出"这三步。而且，这三步环环相扣，最终形成一个完整闭环。如果你严格按照这个步骤去学，肯定是学得又快又好。如果实际中这三个步骤有一些重叠和交叉，也没有关系，因为现实执行时确实会有一些出入，但只要你知道学习的本质就是如此即可。

极简学习法，就是把学习中最核心的三步提炼出来，无论你需要学习什么知识或技能，都可以使用这三步。所以，我们才说：输入、消化、输出，三步学会一切。

第二节

追求精准：倒推思维，用什么学什么不做无用功

先问你两个问题。

第一个：在学习之前，你是否认真地考虑过，你这次学习的具体目标是什么？

如果第一个问题的答案是"是"，那么请看第二个问题：你学习的所有内容，是否全部能直接帮你达成自己的学习目标？也就是说，你是否思考过，你学习的内容中，是否有做无用功的部分？

以上两个问题，十有八九，你的答案都是相

对模糊的，你可能会说"好像是，也不全是"。

为什么呢？你好像有个学习的目的，但不够具体；你知道自己正在学的内容能让你实现自己的目标，但是你不确定中间是否做过无用功。

这就是多数人，在多数学习的情况下的真实状况。

举一件几乎我们每个人都经历过的事情来说。我们上学时都知道读书的目的是掌握知识、增长本领，将来考上某个好中学或好大学。我们通常有这样一个大的目标，但这不是真正有价值的目标，为什么呢？因为它不够清晰，不够具体。针对这个问题，真正有价值的目标应该是：我希望考上某大学，为了这个目标，我需要每个科目分别考到多少分。

为什么呢？

因为有了这些具体的目标，你就能结合自己目前的情况，来思考接下来怎么学，才能确保目标的实现。也就是说，你能根据这些目标，非常清晰地列出自己具体要做的事情，而且这些事情，都能直接帮助你实现目标。这样你做的每件事都是直接有效的，就避免了去做无用功。

极简学习法的第二大优势就是："追求精准，不做无用功。"

真正高效的学习，是要通过更短的时间，更少的投入，达到更好的结果。

所以，极简学习法，要求我们不要做盲目的、随意的、目的不明确的学习；而且要求学习的每一个动作，都是能直接导向结果实现的。

这就需要我们养成"倒推思维"的习惯，在学习之前，先明确自己的学习目标，也就是最终要达成的结果。根据这个结果，来"倒推"我们具体应该怎么做，我们应该学什么，我们应该怎么学。就是要用什么，得到什么，我们就学什么，不做一丁点儿无用功。因此，极简学习的过程，极其精准，没有任何浪费。

一个完整的学习过程，是一个从 A 点（初始状态）到 B 点（最终目标）的过程。从 A 点到 B 点，会有很多条道路，我们要找到的，就是那条最短、最容易走的道路。所以，在出发前，你需要精确定位 B 点的位置，才能根据自己出发的 A 点，认真地找这条路，并精准地走过去，到达 B 点。

所以，高效的极简学习，是一个追求精准的过程，明确目的，要用什么学什么，不做无用功。这是聪明人在学习时应该追求的一种路径。

第三节

直击本质：从根上学，一通百通

"直击本质"是极简学习法的第三大优势。这种直击本质的思维，在极简学习法的三个步骤中贯穿始终。

下面，我就在这三个步骤中具体阐述这种思维，让大家更好地理解极简学习法，从而更清晰地认识到极简学习法的极简和强大。

从本质输入：在输入环节，极简学习法倡导要选择最本质的东西去学习。

比如，要学习经济学时，我们就应该选择经济学的基础教材，去了解经济学的基础理论。

如果你打开过经济学的基础教材——比如曼昆的《经济学原理》，首先就会看到经济学的十大基本原理，也就是经济学的基石理论。当你看完这十大基本原理，就会发现，你对经济学已经有了根本上的了解。

这就是从本质输入的神奇效果。

关于如何从本质输入，在本书第二部分，会有更详细的讲解。

从根儿上消化：在消化环节，也强调在理解的过程中，要探究本质，不能只是理解皮毛；只有从根儿上理解，才能做到真的理解。

还是用学习经济学来举例，你首先要拼命去理解的，就是经济学的十大基本原理，这就是从根上消化。

你有没有发现，当我们真的做到了从本质上输入，从根儿上理解消化就是自然而然的事。它其实就是对"从本质输入"的一个承接，这里就无须我多言了。

多元输出一通百通："我们要学会举一反三"，这是老师常对我们说的一句话。可能很多人没有认真想过举一反三是什么意思。其实就是当我们学会一个东西后，要基于学会的这个东西，通过类推，知道其他更多的事情。也就是说，一旦你学到了某种知识，要学会将其应用到更多的领域。

现在很多人讲"知识迁移"，和"举一反三"意思类似，其实都是一种学习思维或者解决问题的方式，通过自己已知的知识、方法或者技能，应用到新的、更多的领域，从而解决更多的问题。

世界上的万事万物都是相通的。你从根儿上明白了一种知识、一个方法论后，就明白了它的本质到底是什么。在用的时候，你就能做到一通百通，从而应用到很多地方。

比如，我很喜欢麦肯锡的"MECE"原则，英文全称是Mutually Exclusive Collectively Exhaustive，中文意思是"相互独立，完全穷尽"。也就是说，对于一个重大的议题，要做到不重叠、不遗漏的分类。这是一种非常重要的方法论，我本来是在学习写作的时候学到的这个方法。但明白其本质后，我就把这个方法用到了很多方面，比如安排团队工作、拆解项目、沟通表达等等。为什么我能做到这一点呢？因为我明白了，这个方法的本质就是把一个大的事物分解成小的事物，而小的事物之间又是彼此独立的。当我解释清楚了 MECE 原则的本质后，你会发现，这真的是一个万能的方法论。再复杂的事情，都能分解成一个个小的事情，任何难的事情，只要从小事情着手，就会瞬间变简单。

所以，当你从根上明白了学习的本质，你就能多元使用所学到的知识和方法，真正实现一通百通。

在这一部分，大家已经对极简学习法和其优势有了基本的认知。那么，让我们马上翻到下一页，开始学习这种了不起的学习法吧。

第二部分

精准输入: 用对的姿态, 精准学习

第一节

学准: 倒推思维, 学直接决定结果的知识

　　许老师是北京市海淀区一名专攻中高考英语冲刺的老师。她非常擅长英语快速提分, 尤其针对高考英语成绩在 90 分左右的学生。她只需要两个月的时间, 甚至一个月的时间, 就能让学生的英语成绩, 直接提到 120 分左右。

　　许老师使用的方法, 就是"倒推思维"。简单来说, 就是从结果往前推, 发现问题的症结, 然后针对这部分问题进行专项学习, 哪里能提分就学哪里。

　　英语成绩在 90 分左右的学生, 一般都有一定

的知识基础，不需要从零开始提高。因此，在面对这类学生时，许老师首先会看这个学生最近考过的试卷，再和这个学生沟通，找到这个学生的问题在哪里，看看到底哪些题失分较多，然后为其制订有针对性的学习计划，这样提分就会非常快速。

比如，如果发现这个学生的问题主要表现在以下三个方面：阅读理解得分低、作文成绩不太好、语法学得也不扎实，她就会从这三个方面下手，让学生集中学习和训练这些部分，这样就能起到快速提分的效果。当然，如果这个学生各方面都不错，就是单词背得太少，许老师就会拿出她精心摸索出来的500个高考常考单词，让学生花10天时间去背诵，这样他的成绩就上来了。

看到这里，你是不是在想：我永远考不及格的英语，我天天背单词背得晕头转向的英语，真的就是这么简单、这么容易拿高分吗？

是的，就是这么简单。

那为什么别人用两个月，甚至一个月的时间

就能将成绩从 90 分提高到 120 分，而你几乎用了每天 50% 的时间在学英语，最终还是没有考及格呢？

原因很简单，就是因为你的学习没有针对性的计划，是盲目的、无效的，无法提高最终的学习成绩。

想想看，你读书的时候学英语，是不是在拼命地背单词、学语法。可是，你有没有想过，你的这些学习，和你最终在高考考场上拿下高分这件事，有没有直接的关系？

你可能花一年的时间背了 5000 个单词，而许老师只让学生花了 10 天的时间就背下了高频的 500 个单词。就算你的 5000 个单词里面也包含了那高频的 500 个单词，可是你想想，你花的时间是一年，别人是 10 天，这个差别有多大？别人的效率是你的很多倍。

你可能会说，我就是愿意这么学，愿意花这么多时间去学单词。可是你是否想过，在一场目的明确的学习中，学习其实是一场效率战。你在背单词上花的时间多了，你花在阅读训练上的时间就少，在语文、数学学习上的时间就更少了。虽然你的英语成绩提高了，但是你的语文、数学成绩没有提上去，你的整体成绩依然是较差的。

你可能会说，我学习不是为了考试。那同样是学习一门课程，别人花一个月的时间就能学会，你却需要花几个月的时间。日积月累，你和别人的差距就拉大了。

所以，极简学习，讲求的是"高效学习"，其第一环节"输入"，就要求我们必须做到"精准输入"。如何精准输入呢？就是我们只学能直接影响最终结果的那部分知识，以终为始，直奔结果，这是实现高效学习的底层保障。如果一开始就做无用功，长时间漫无目的地摸索，效率是无法保证的。

怎样才能做到"精准输入"呢？那就是要有"倒推思维"。什么是倒推思维呢？

我们再拿许老师帮助学生冲刺英语成绩的案例进行剖析。她根据学生要在考试中拿高分的目的，倒推学生需要在哪些部分进行提高，然后确定精确的行动计划，再具体执行，最终保证结果的实现。

所以，从许老师的案例中，我们可以看出：倒推思维，顾名思义就是从结果倒推行动。常人思考，通常是从开始到结果，倒推思维则是从结果到开始。当我们设定好目标，也就是结果之后，从最终那个目标一步步往前推，目标实现的路径就很清楚，你就知道现在该做什么了。换句话说，倒推思维，就是以目标为导向，倒推自己的行动，这需要你首先考虑清楚自己的目标是什么，从最终那个目标一步步往前推出目标实现的路径，这些实现路径，就是你一步步要做的事情。

为了方便大家理解，我再举一个例子：假设你给自己定的目标是考上清华大学。针对这个考上清华大学的目标，我们用倒推思维拆解如下：

假设你现在在一所省重点高中的实验班读书。按照以往班级高考录取的情况，你的成绩需要排在你们班的前五名，才有希望考上清华。而现在，你的成绩排在你们班的十几名，偶尔可以进入前十。

　　这时，你找出最近五次考试的考试分数，发现你与你们班第五名的总成绩分差在20分左右。当然，为了保险起见，你可以直接以第一名为你的参考对象，你和第一名的分差在30分左右。

　　那么，拆解下来，你需要做的事情就是把你的总成绩提高30分，这就是一个清晰的目标了。

　　再来看自己各科的分数，你发现你的理综成绩和第一名没有什么差别，因为你的理综成绩在班上基本每次都是前三，而你的英语、语文、数学这三科的成绩总和比第一名差了30分左右。

　　你发现你的语文总是在110分左右，英语在135分左右，数学也是在135分左右，那么要想提高30分，就要在这三科上每科提高10分，这样你就能冲进班级前五了。

接下来，你再找出自己这三科最近三次考试的试卷，找到自己每一科的老师，让老师帮你分析你的问题在哪里，每科要提高10分，应该分别在哪些题型、哪些版块上去提分，根据确定的提分点，再和老师商讨出你具体要做的事。

在这个过程中，你就是在利用倒推思维学习，以考上清华大学这个目标为导向，一步步倒推，把大目标分解成小目标，再拆解成你的具体行动，这样你就完成了整个倒推的思维过程。

明白了什么是"倒推思维"，在极简学习中的"学准"这个关键环节，可以采用如下三个步骤去执行。

一、改变意识：一定要带着真正有效的目的去学习

于尚（化名）是一名毕业于北大的学生，毕

业后进了一家创业公司。众所周知，创业公司通常都是一个人要做很多人的工作，加班是家常便饭，周末也基本没有自己的时间。

于尚很喜欢读书，即使工作非常忙碌，他也一直挤时间读书，这样每年依然能读上百本书。他为什么能读这么多书呢？因为，于尚在创业公司工作，几乎每天都会遇到新问题，而很多问题，都出在他不了解的领域。这时候，于尚就习惯去书中找答案。比如，公司如果让他负责人员招聘，除了求助自己做人力资源的朋友和同学，他会去找人员招聘相关的书来看；公司让他开发客户做销售工作，他会找到销售方面的书来看；公司需要他负责产品开发，他就会找产品经理、工业设计、用户心理、供应链方面的书来看。

总之，一遇到问题，他就去书中找答案，也就是"带着问题去读书"。所以，于尚读书的速度非常快，经常是一两个小时就读完一本书。

你是不是很惊讶，真的可以一两个小时就读

完一本书，而且读完还能马上把书中的知识用起来？毕竟，你经常一两个月也看不完一本书，而且看的时候还经常分心，好不容易看完了，根本就不记得这本书到底在讲什么。

你和于尚读书的速度和效果之所以有如此大的差别，关键原因就是没有"带着目的"去读书。

当你"带着目的"去读书，读书的速度就会大大提高。因为你知道你读这本书的目的是什么，你读的时候就有极强的目的性，知道重点读哪里，知道怎么去理解。这种强烈的目的，就会推动着你去读这本书，这样学习的速度和效率都会大大提升。如果你盲目地去读，不仅很难读下去，而且即使读了，也很难取得好的效果。因为你不知道读这本书的目的，没有明确的理解方向，就算你读完了，也极有可能并不记得这本书到底讲了什么。或者，既使你读完时还有一些印象，但是过一段时间后，你也忘得一干二净了。

倒推思维，就是以结果为导向，带着目的去

读书。你在学习时是否有明确的目的，学习效果会完全不一样。所以，如果你的学习效果不佳，很可能是根儿上出了问题，这个根儿就是"学习目的"。

说到这里，你可能已经知道了自己学习效率低下的原因：漫无目的地学习。所以，在这一部分，我们首先要知道，我们的学习一定要有目的，不能盲目，这是"极简学习"意识上的准备。

不过，我敢打赌，这时很多人肯定会说："我有学习目的啊，如果我没有学习目的，那我还在学什么呢？"你有了要带着目的去学习的意识很好，可是，你的学习目的，可能不是真正有效的学习目的。

为什么这么说呢？

那我问你，你的学习目的是不是类似这几种：我要考上好大学，我要考上研究生，我要成为写作高手，我要成为优秀的设计师。

这些目的其实都不能算作真正有效的学习目

的。因为这些目的，充其量可以称之为"理想"或者"梦想"，因为你的这些目的没有可落地性，不能指导你的行动。

所以，下一步，我们就要学会制订真正有效的目标。

二、制订目标：推演实现过程，制订可完成的目标

TED 演讲中有一段很出名的关于时间的演讲，里面讲了一个应用倒推思维的例子：

你是不是习惯在年初写下这一年的新年愿望，但是你会发现，在年底的时候，这些愿望多半都没有实现，甚至崭新到可以直接复制粘贴变成下一年的新年愿望。那怎么解决这个问题呢？

这个演讲提供了一种倒推的思路：在年初写下当年的年终总结。

你可以试着这样开始你的"年终总结"，我

们以 2022 年为例。

2022 年，我完成了以下三件事：A、B、C。接着写，我是如何完成以上三件事的，把如何完成这三件事的具体步骤写出来。当然，你写的时候会发现，有些事情你无法写出具体步骤，因为你写的时候，就能感觉到自己根本做不到，也就是无法实现。

这就是很典型的倒推思维的方式，它能帮助你理清通向目标的路径，也能够确保你制订出你真正能实现的目标。这是因为，困难的事情通常是复杂的、抽象的，如果能把复杂的、抽象的问题拆分成一个个细小的任务，这样事情就会变得简单很多。无论多么重大的项目，最终都要落实到每一个可操作的任务上，这也是倒推思维的核心所在。

我们来举一个学习的例子，看看我们该如何利用这种倒推思维。你可以采用这种自我问答的方式推演实现过程，来制订自己的目标和行动计划。

比如，你现在是大二，但是你的目标是要考上研究生，那你具体该怎么做呢？

来，我们一起倒推。想象一下，你现在已经收到你理想大学的研究生录取通知书。开始倒推，你怎样才能收到这封录取通知书呢？你的政治要考多少分？英语多少分？专业课多少分？根据你定下的分数，来拆解具体你要做什么。

比如，以英语为例，你现在去做一套考研英语真题，你能得多少分？离目标分数还差多少？差距的原因是单词、语法、作文，还是其他方面。

《刻意练习》这本书中曾讲到，做好一件事情的精髓就是：树立目标——制订计划——把计划具体为每天可执行的任务——执行并加上及时的反馈。

那么，根据这个方法，当你发现你在英语单词方面有不足时，你可以把自己的单词量目标设定为 8000 个或者 10000 个。然后你可以把这些单词量拆分到每一学期、每一个月、每一周、每一天。这样就把抽象的问题具体化、复杂的问题简单化了。量化后，一切就变得可执行了。

以上，你已经知道了制订目标的具体过程，那么下面，我再给大家分享一个能制订出合理目标的工具——"SMART 法则"，它能让你更科学合理地制订清晰的目标。

SMART 法则，是一项很著名的目标管理法则，最早是由管理学大师彼得·德鲁克在《管理的实践》一书中提出，当然，其在制订学习目标上同样有效，具体包括五项原则：

S：具体的（Specific）

这是制订目标的第一原则，指目标是清晰具体的，而不是模糊笼统的。这样才能明确知道，要达成的目标具体是什么。

比如，我的目标是考上一所好大学，这就是一个模糊笼统的目标。如果换成具体的，就可以变成：我要考上清华大学。

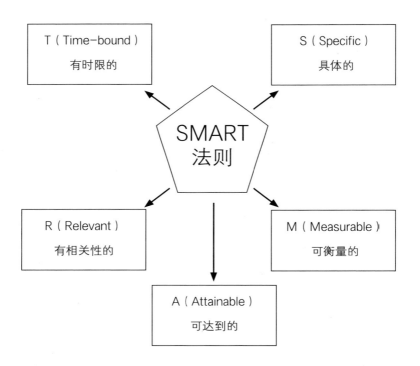

再比如，你要努力学习，就是一个模糊笼统的说法，你可以替换成，我要每天增加两个小时的学习时间。具体而言，你可以每天比原来早起床两小时，早上 6 点起床，学习到早上 8 点，这样就增加了两个小时的学习时间。

M：可衡量的（Measurable）

可衡量的，就是指有一组明确的数据，可作为衡量是否达成目标的依据。如果制订的目标没有办法衡量，就无法判断这个目标是否实现了。

比如，你的目标还是要考上清华大学，那你就可以制订出可以衡量的目标，在高考时成绩进入全省前五十名。

再举一个例子，假设你的目标是提高成绩，那你可制订可以衡量的目标，比如，"这个学期期末考试，我要进入年级前十名"。

A：可达到的（Attainable）

可达到的，就是指目标不是好高骛远，是在现实中可以实现的。反之，如果你制订的目标在现实中基本没有实现的可能性，那这样的目标是毫无意义的。

比如，你平时的考试成绩只能上二本线，现在距离高考只有 10 天了，你给自己定下的目标是要考上清华大学，这个就是现实无法达到的。

所以，我们定目标的时候，不能太低，不能是唾手可得的水平，因为这样无法挖掘自己的潜能。最好是你要跳起来够一够才能实现的目标。比如，你平时的成绩在全省能排到前五百名以内，在高考前 100 天定下要考上清华大学的目标，就是合理的。而如果你定下来的目标是要考上北京理工大学，这其实就没有起到激励你的作用，因为全省前五百名考上北京理工大学是完全没有问题的。

R：有相关性的（Relevant）

有相关性是指你的目标要与你的其他目标，或者组织内的整体目标有相关性。如果实现了这个目标，但对其他的目标实现没有带动，或者相关度很低，那这个目标即使实现了，意义也不是很大。

比如，你的大目标是考上清华大学，同时你

也给自己定了一个"要在高考前 100 天练好一口流利的英语"的小目标。这个小目标看似对你的英语成绩提高有帮助，但从根本上来说，练一口流利的英语与你考上清华大学并没有太直接的关系。你不如把自己的小目标换成：在高考前 100 天，把最近十年的高考英语真题做 5 遍，背下其中所有不会的单词，学懂里面任何不懂的语法，弄懂遇到的每一道错题。这样的目标既能提高你的英语高考成绩，也能直接助力你考上清华大学，这就是有相关性的目标。

T：有时限的（Time-bound）

有时限的，就是指目标要在一定的时间内完成，而不是遥遥无期。很多人都说，Deadline（截止日期）是第一生产力，这就是有时限的强大作用。

在几乎人人都有拖延症的时代，目标如果没有时限，那这个目标基本就是形同虚设的，因为你很可能永远都不会开始，或者开始了，遇到一些困难，你就暂时逃避或者放弃了，有时甚至是永远。

所以，一定要在定目标时，给自己加上时限。比如，你定下来的目标是"我要背完单词表上的所有单词"，光这样是不够的，你可以加个时限，比如"在接下来的100天内"。目标的设置一定要有时限，当然，这个时限是你能实现的。

总之，制订你的学习目标，如果严格按照SMART法则的5个要求来制订，目标就会变得具体而清晰，你在后续学习的时候也会方便执行。

三、科学执行：紧盯目标、拒绝借口

有了目标，如何保证执行到位呢？请记住一个重要的原则：紧盯目标、拒绝借口。切记！

倒推思维就是以目标为导向的思维方式。时刻盯紧目标，你才能真正保证目标的实现，因为在学习过程中，各种干扰你实现目标的因素太多了。

举一个例子。比如，数学课上，你有一道数学题没有搞明白，下课铃响，你想马上去问数学老师。

这时候，总是嫉妒你成绩好的同桌，看到你拿着练习本，正要冲出去追赶数学老师，这时他说了一句："我的天！别那么努力了，都考班上第一名了，就一道题不明白，还去问老师。老师上了一节课多累啊，你也不让老师歇一会儿，关心疼爱一下老师吧！"

这时候，你会有两种可能的反应：这个同学，就是嫉妒你成绩好，总是阴阳怪气地说这样的话，每次都这样，你已经忍他很久了，这次，真的不能忍了。于是你的肾上腺素开始飙升，血液流向四肢，你要爆发了。这造成了你大脑供血不足，开始做出不理智的行为，你转过头回到座位，恶狠狠地对他说："你这人怎么这样，我忍你很久了，今天我告诉你，如果你以后再这样说，就别怪我不客气了。"

当然，你还有一种可能的反应就是，你虽然很不高兴，很不爽，但是你马上意识到，自己不能和他争吵，因为你的目的是要追着数学老师，把这道题搞明白，而不是管别人怎么说，你头也不回，直接去追马上出教室门的数学老师了。当然，老师很认真地给你讲了这道题，你也很开心地搞明白了，达成了自己的目的。

从这个事例中，你应该看出来了，紧盯目标是倒推思维的关键所在，你必须时刻记住你的目标，你才能真正地把自己制订的目标变成现实。试想，如果你回过头和同学吵一架，结果老师走了，你想搞明白的题目没有搞明白，也就是你的目标没有实现，你没有任何收获。

抛开学习，我们来看看在其他事情的执行上，其实也是同样的道理。

《关键对话》一书中，在讲沟通的原则时，第一个重要的原则就是盯紧目标。比如，你在和人谈判时，对方很可能会故意用言语或者一些很苛刻的条件来激怒你的情绪，让你失控，最终失去理智，头脑混乱，没能达成自己的谈判目的。但如果你记得你的谈判目标，就是要基于自己的条件来达成合作，你就不会有这样的反应，你会对另一方的所作所为视而不见。

华为公司一直以"狼性文化"著称，这让很多人都认为华为的文化缺乏人性化。但是你发现，华为不断取得了很多成就，完成了很多企业没有完成的任务，而且很多人从华为离职后，他们也在自己新的工作岗位上，干得非常出色，保持着与其他人的竞争优势。这里面的关键，就是华为狼性文化的核心：紧盯目标、拒绝借口。

说其他非学习的例子，是希望你可以明白，紧盯目标，就是在执行的过程中，用倒推思维确保目标的实现。当你定好目标后，在执行时，请时刻紧盯自己的目标。切记！这是你实现自己目标最重要的原则。

记住这个原则，能帮你化解学习过程中的很多烦恼，能让你把一切的精力，都集中在学习本身上，让你最终实现目标。

总结这部分的内容，倒推思维，其实就是画两点之间的直线。具体而言，就是四个步骤：

第一，想象最终的结果。

第二，从结果倒推实现过程。

第三，拆成可完成的任务。

第四，紧盯目标科学执行。

如果你想要在学习的过程中保持极简且高效，那就请严格按照这四步来做。

第二节

选对：最好的学习材料，是适合自己的

你有没有发现这样的情况，有些老师上课，你听得特别清晰明白；而有些老师上课，你总是听得云里雾里。

再问你一个问题，你是否有这样的体验？比如你学某方面的知识，查了很多资料，看了很多书，就是没有搞明白；但是，某一天，在不经意间，在某篇文章中看到了某句话，你一下子明白了，就像瞬间顿悟一样。

没错，知道自己要学什么，可是跟着谁学，上什么课，用什么书，怎么选择其实是非常重要

的，甚至直接决定了你学习的效果和效率。

现实情况是，目前各个领域的信息非常发达、教材、课程、参考书等名目繁多，而且口碑都不错，你根本不知道选哪个。

在这一部分，我们就来讲，当你有了明确的学习目标后，如何"选对"学习材料，找到最适合你的（泛指一切学习需要用到的教材、参考书、课程等）。

下面，我们通过三种常见的学习类型，分别来进行阐述。当然，我也会在其中具体讲解每种情况到底该如何选对学习材料。

一、考试型学习：教材考纲是最佳学习资料

在 2021 年东京奥运会上，中国男子体操选手肖若腾获得男子体操全能的银牌，而日本"00后"小将桥本大辉以微弱的优势获得冠军。但就

是这个结果，引发了巨大的争议，大家纷纷为肖若腾鸣不平。

为什么呢？因为作为非专业人士，都能看出来，裁判打分涉嫌不公平。肖若腾更优秀的动作，得分平平，而桥本大辉即使落地时脚都踩到了垫子外，也依然拿到了很高的分数。

体操比赛是打分的项目，参加奥运会，其实就是参加一场考试，看谁能在这堂考试中，获得更高的分数，分数高者获胜。

所以，运动员在体操赛场上做出来的动作，就是运动员在考场上交出的答卷，打分的裁判，就相当于判卷老师。

奥运会这种顶级体育赛事，事关国家荣誉、个人命运，打出来的分数，必须得让大家心服口服，而不能随便打分。

那这分该怎么打呢？就需要有一套明确的打分标准，大家都按照这个打分标准来。

比如，体操的评判标准是：在男女比赛项目

中，两组评委给选手打分，D组裁判打难度分，由动作难度、连接难度、特定要求构成，不设上限。

E组裁判打完成分，小失误扣0.10分，中等失误扣0.30分，大失误扣0.50分，重大错误扣1.00分。两组裁判给分都是独立的，最高分和最低分将被去掉，然后算出的平均成绩就是选手的最后得分。

所以，你发现没有，其实运动员参加比赛前，是知道具体的评分标准的。比如，在难度分上，一般是取运动员成套动作的下法加上最好的9个动作，计算其难度价值。那么，你就需要设定编排自己的动作，因为每个动作能得多少分是有规定的，你完成了，就能成功拿到那些分数。而且，裁判组还会根据不同项目的特殊规定计算动作的连接价值，在所计算的10个动作的难度价值中，每完成一个动作结构组要求，裁判将给予0.50的加分。而哪些动作连接起来有加分，这是有明确的规定的。

所以，从某种程度上来说，体操比赛是一个开卷考试，一切得分标准都提前告诉你了。你需要做的，就是研究清楚规则，研究清楚打分标准，根据打分规则，编排自己的动作，精心训练，在保证难度拿更高分数的同时，尽量减少扣分。

每个运动员平日的训练工作，都是围绕最终比赛中的打分标准来的。试想，如果某个运动员并不清楚规则，自己练习了很多高难度的动作，结果上场比赛时，裁判并不认可这些难度动作，那么再高的难度也得不了分。

1. 考纲是一切的准则

我们来看"考试型学习"。顾名思义，考试型学习就是我们学习的最终目的是要通过考试，和运动员参加奥运会没有本质的区别。只是多数的考试，都是闭卷考试，考试的试卷在开考前都是绝密的。但是，你有没有想过，虽然题目你看不到，但是这些题目是怎么出出来的呢？哪些题目能出现在试卷上？你心里应该明白，其实这些题目都不是随便出的。

只要是规范的考试，比如高考，国家都会提前给出考纲，其中就明确地规定了考试的范围、考试的知识点，以及对每个知识点的考查程度，是需要记忆，还是运用，这些都是有规定的。而最终高考的卷子，就是根据考纲出出来的，出卷老师是不能随便出题的，必须符合考纲的要求。

所以，针对考试型的学习，研究考纲是头等大事。你想，如果你连比赛规则都不清楚，在上场比赛时能拿到好结果吗？

没有弄清考纲，你所有的备考学习，都是盲目的，很可能做了很多无用功，抓错了要点，遗漏了考试的重点。极简学习法的"精准输入"，应用到考试型学习中，就一句话：考什么，学什么，不做无用功。

所以，考试之前，我们首先要做好的一件事就是"研究考纲"，这样才能弄清考试的具体要求。根据考纲来进行学习，你的一切备考行为才是精准的，才能直达高分结果。

比如，一个知识点，考纲的要求是记忆，那你就背下来，不用考虑它的运用；而另外一个知识点，考纲的要求是运用，那你不仅要学懂这个知识点，还要进行专门的练习，用这个知识点进行解题；如果是综合运用，你不仅要训练用这个知识点直接解题，还要去训练运用这个知识点和其他的知识点一起结合起来进行解题。

对于考试型学习，这样做才是精准而高效的。你的每一个学习的动作，你在学习上花的每一分每一秒，都能帮助你提高考试成绩。

最后，再强调一遍，参加考试，先研究考纲，请牢记！

2. 教材是最佳的学习材料

针对考试型的学习，除了考纲，最佳的学习材料就是教材！

如果你参加的考试，有官方规定的教材，那就是最佳的学习材料。为什么？因为考纲就是根据教材编写出来的。相当于教材是源头，考纲是结果。

还是拿高考举例，当然，中考同理。高考最终的考试题目，大约有70%到80%是基础题，就是直接源于课本教材。只要你学懂了教材上每一个地方，掌握了每一个知识点，做会了每一道例题和练习题，只要你不粗心，这些基础题，你都能做出来。

即使是难一点的综合题（压轴题除外），大概占比20%，也只是教材中不同知识点之间的组合运用，也是源于课本的。比如高考的数学题目要求每道题，甚至大题的每一个步骤，都必须能在教材中找到出处。只要你吃透课本，就能做出来。

当你了解了考试要求后，你就会明白，教材是最佳的学习资料。有很多同学舍本逐末，认为教材上的东西太简单了，索性扔一边，去找各种辅导资料，找难题做，认为这样才能拿高分，这其实是大错特错的。

给你一个简单的判断标准，如果你的考试分数不能拿到总分的80%，一定是你还没有拿全基础题的分数，那就乖乖地放下你的各种辅导资料，回归课本教材，把课本教材彻底吃透，这样坚持下来，你的成绩一定会有明显的提高。

那到底如何吃透教材呢？有四个关键字：透、全、串、多。

透：理解通透，知道为什么。

吃透，就是理解透。对于教材上的知识点、定理、公式等基础知识要吃透，就是不仅要知道，要记得，更要知道为什么，要能自己推导出来。比如，我们从小都知道长方形的面积是长乘以宽，但是你有没有想过，为什么长方形的面积是长乘以宽呢？你要弄清楚这个推导过程，知道了为什么才是真正地理解通透了。

为什么要这样做呢？因为在认识一个新事物

时，我们需要利用我们已知的知识去理解它，开始我们会感觉它好复杂，但随着理解的深入，会发现它很简单。你忽然意识到："哦，原来是这么回事啊！"这时候，你才是真正理解透了，真正掌握了。

比如，我们都知道1+1=2，但没有几个人去研究为什么1+1=2。所以我们能说对于1+1=2我们吃透了吗？当然是没有！但是当我们通过查资料、问老师，明白了1+1=2背后的逻辑，会发现"原来是这么回事啊"。这时，你就可以说，我把这个知识点吃透了。

所以，要吃透教材，你要养成的第一个习惯，就是把书上的知识点，都一个个理解透。公式要能自己推导出来，定理也要明白背后的逻辑。只有这样，从根儿上明白了，你才能真正做到灵活运用。

全：不留疑点，颗粒归仓。

教材上的知识点、例题、注释，没有一个地

方是无效的。教材的每一个地方，你都要完全弄明白，不要觉得注释的小字不重要。

为什么呢？因为教材上的每一个知识点，每一行小字，都有可能成为你考试中的一道题目。如果你觉得只是一行小字的注释并不重要，就没有掌握，那结果是你一定会吃亏。比如考试中一道 10 分的大题，考的就是这行小字讲述的知识点，你没有掌握，那么这 10 分就没有了。

所以，你在吃透教材时，要有"颗粒归仓"的意志，做到全部掌握，不留下任何疑点。

串：形成体系，把知识串起来。

相信老师肯定给你讲过，要形成自己的知识框架体系，把所有的知识都串起来。

为什么呢？因为知识都是系统的，很少有单一存在的。而且，任何一本教材都有自己的知识体系，你想要掌握这本教材的内容，就要先弄懂这本教材的知识体系。

那怎么系统掌握呢？一个最简单的方法，就

是"读目录"。翻到教材的目录部分，看看这本教材分为哪些部分，每个部分之间是怎样的关系，每个部分下面又有哪些小部分。当你开始看目录时，你就会发现，这本教材的知识点其实是一个完整的体系。比如，第一部分有三个小部分，而这三个小部分，都是这一大部分知识的三种应用情况。所以，当你看完目录就明白了，这是一个完整的体系，要想掌握这个知识点，就要学会这三种应用情况。

更高阶的做法是：合上书，拿出一张纸，在纸上画出这本书的知识结构图，边画边想每个部分中的具体知识，这样你就真的把这本教材的知识点吃透了，形成了自己的体系。当然，你也可以打开一个思维导图的软件，直接来做这本教材的思维导图，也是一个很好的方法。

要想掌握一本教材的知识，就要把所有的知识点都串起来，这样你就不是零散地掌握一个个知识点，而是形成一个系统，让知识与知识之间变得有联系，就能更高层次地掌握它。

多：不断重复，一次又一次。

经典是值得反复阅读的，每读一次，都有不一样的感受。比如，经典的电影，你会看很多遍，每看一次都有新发现、新感悟。

教材就是经典，你不仅要通过上面的三个过程来学习，还要经常翻看。当你做题遇到困难时，可以去教材中查对应的知识点，你会发现，原来是自己没有把这个知识点完全搞懂；当你某一科的成绩遇到瓶颈时，你去翻看教材，就会发现，原来自己没有系统地掌握知识，所以稍微带有综合性质的题目就做不出来；当你刷过很多题后，再来翻看教材，你可能会发现，原来自己刷过的很多题目，都是书上例题的变形。

总之，教材是你任何时候都不要放弃的，要经常拿出来翻看。相信我，每看一遍，你都会有新收获。

二、持续性学习：从一而终比选什么更重要

我们常说，活到老，学到老，学无止境。很多知识的学习通常是一个持续的过程，并不是学一下就结束了。比如，你要学习经济学，就不是一天两天的事情，需要进行长期的、持续的、系统性的学习。

再比如，你学习数学，从高一到高三，需要三年的学习过程，是一环扣一环的。

那对于这种"持续性学习"，该如何选择合适的学习资料呢？

1.学习资料不是第一位的，学到底是第一位的

木北（化名）是通过自学考上清华大学的学生，而且他是他们学校有史以来，第一个从非重点班考上清华的学生。他从小学六年级的暑假起，

就开始自学，虽然一直都在学校上学，但是他没有认真听过老师讲课，全部靠自学，一直到参加高考。

因为全部靠自学，没有老师讲解，因此，他所依靠的就是各种教辅资料。他发现，现在的教辅资料已经做得非常好了，只要别买太偏门的，多数的教辅书，都是很不错的，可谓"闭着眼睛买，本本都不错"。另外，同类型的教辅资料，其实大同小异，虽然有一些细微的差别，但是没有本质的不同。毕竟，要学懂一个知识点，用到的都是同样的知识体系。同样的知识，不可能有完全不同的讲解逻辑，本质上都是一致的。所以，他认为，选教辅资料不需要太讲究，更应该讲究的是，如何持续性地学好一本教辅资料。

通过木北的例子，我们可以看出，对于持续性的学习，其实最重要的不是选择什么学习资料，而是你要把你选择的学习资料学到底。

比如，我们要学英语单词，最重要的不是选

择哪本单词书，因为大多数单词书都是按照从 A 到 Z 的字母顺序，将常用的单词进行前后排序。不同的单词书在本质上并没有多大的差别，因为单词的数量都是差不多的。真正重要的事情是如何坚持把这些单词背下来。

所以，对于持续性学习，先不考虑选择哪种学习资料的问题，你最应该关注的事情是，如何从一而终，坚持到底。

2. 如果还是要选择，到底该怎么选？

虽然从一而终最重要，但毕竟还是要选择一份适合自己的学习资料。那具体该怎么选呢？

可以从如下三个方面入手：

第一，看品牌。

看品牌是一个不错的选择，具体可以选择三类品牌，通常都不会出错。

老品牌：一个品牌如果能持续生存很长时间，而且一直保持勃勃生机，在市场上依然很受欢迎，那它的产品一定是经过市场检验的。所以，选择老品牌的学习资料，是一个不会出错的选择。

大品牌：大牌子产品质量基本都是过硬的。大品牌意味着产品质量、各类服务都是高标准的，不然，也不能成为大品牌。因此，选择大品牌也是不会出错的。

新锐品牌：在老品牌和大品牌的夹击之下，某个新品牌在短时间内快速崛起，那其一定是有过人之处的，产品肯定也是过硬的。毕竟，要从老品牌、大品牌中虎口拔牙抢市场，没点本事肯定不行。因此，新锐品牌也是不错的选择。

第二，看过来人口碑。

金杯银杯不如大家的口碑，也可以通过看用户口碑来进行选择，具体可以这么做。

问圈内人：比如，你要考注册会计师，要选合适的辅导材料，你就可以直接问考过注册会计师的人，多问几位，或者直接进入相应的社群，问问大家的意见，看看大家都在用什么，或者用过什么，这样就非常容易判断了。

看口碑帖：如果你在现实生活中找不到人问，或者能问到的人少，那可以去垂直论坛、自媒体平台上，看大家的口碑经验帖。这些口碑经验帖，很多都会有真实且详细的介绍，尤其是对比介绍，你可以多看一些，就能发现到底哪个适合自己。这种方式，和你在网购时看用户评价是一个道理。

第三，亲自试用。

当然，还有一个更直接的方法，就是亲自试用。找到觉得还不错的学习资料或者学习课程后，先试用一段时间，或者先上上体验课。用自己的亲身感受做出合理的判断。

三、追求本质：从根上学，元认知直指基石

财经作家欧盛在一篇文章中谈道："任何复

杂事物的背后，都有简洁的可以用一句话或者几句话说明的规律。这些规律，便是本质。"

古希腊哲学家亚里士多德曾说："在每个系统探索中存在第一性原理。第一性原理是基本的命题和假设，不能被省略和删除，也不能被违反。"

你会看到，牛顿只用了三大定律，就解释了日月星辰的旋转、潮汐涨落现象以及各类力学现象；欧几里得只用了几条定理，就解释了万千形状的组合。

要学习的知识很复杂，但其实也很简单，当你学懂了本质后，就会感觉到一切豁然开朗了。

极简学习法，有一个核心原则，就是"本质思维"。也就是学习要抓住本质，从根儿上学，这样的学习就是极简且高效的。从应用的角度看，有三种常见的方法。

1. 看基石之作，让你快速抓住本质

每个专业领域基本都有自己的基石之作。这

些基石之作里面的内容，就是这个领域的本质。所以，看基石之作，就是通过快速抓住本质、学懂弄通某一个领域知识的绝佳方法。

基石之作，通常有三种。

第一，这些基石之作，多数都是书籍。

比如，你要学经济学，就可以直接看曼昆的《经济学原理》；你要学营销，就可以看"营销教父"菲利普·科特勒的《营销管理》；你要学习管理，最好先看管理学泰斗彼得·德鲁克的《卓有成效的管理者》。

第二，还有一些基石之作，是某一篇开创这一领域的论文。

这些论文通常构建了这些领域的基石，之后对这个领域的研究，都是基于这一框架展开的。比如，"信息论之父"香农在 1948 年 10 月发表于《贝尔系统技术杂志》上的论文："A Mathematical Theory of Communication"（《通信的数学理论》），就是现代信息论的开端，自此开创了信息论这门伟大的学科。即使几十年过去了，信息论这一领域的研究，核心还是基于他在这篇论文中提出的理论进行展开的。

因此，如果你要学习信息论，那么你就可以先从看懂香农的这篇论文开始。因为这个领域，就是基于这篇论文开始的。

第三，还有一些基石之作更简单，就是一两个有关这个领域本质的概念。

比如，心理学大师弗洛伊德提出的人格结构由"本我、自我、超我"三部分组成。

本我即原我，是指原始的自己，包含生存所需的基本欲望、冲动和生命力。本我按快乐原则行事，不理会社会道德、外在的行为规范，其唯一要求是获得快乐，避免痛苦。本我的目标是追求个体的舒适、生存及繁殖，是无意识的，不被个体觉察。

自我是人格的心理组成部分，是从本我中逐

渐分化出来的，位于人格结构的中间层。弗洛伊德认为自我是人格的执行者。其作用主要是调节本我与超我之间的矛盾，它一方面调节着本我，一方面又受制于超我。它遵循现实原则，以合理的方式来满足本我的要求。在自我中，现实原则暂时中止了快乐原则。由此，个体学会区分心灵中的思想与围绕着个体的外在世界的思想。自我在自身和其环境中进行调节。

超我，是人格结构中代表理想的部分，它是个体在成长过程中通过内化道德规范、内化社会及文化环境的价值观念而形成的。其机能主要在监督、批判及管束自己的行为。超我的特点是追求完美，所以它与本我一样是非现实的，超我大部分也是无意识的，超我要求自我按社会可接受的方式去满足本我，它所遵循的是"道德原则"。

对于这种构建某一个领域的基石理论，大家比较熟知的还有关注个人需求的"马斯洛需求理论"。

所以，找到这些基石理论，也是快速学习本质、弄懂弄透一个专业领域知识的方法。

这些基石理论，很多都来自基石之作的书与论文，或者说，也是因为提出了这些基石理论，这些书或者论文，才成了基石之作。比如，弗洛伊德就是在《精神分析法引论》一书中，提出了人格结构由"本我、自我、超我"三部分组成的理论，所以这本书也成为心理学的基石之作。

总而言之，不管是看基石之作的书、论文，还是直接学习基石理论，我们的目的就是学习某个领域"本质的东西"，通过抓住本质，实现元认知，这是一种极简的学习法。

2. 学关键方法论，"5 小时理论"比"1 万小时理论"更重要

我曾经和知名职场教练、《隐形领导力》作者少毅一起共过事，他有一个"5 小时理论"。什么意思呢？就是花 5 小时的时间，我们可以学会任何事（复杂的高精尖的技能除外），虽然不能成为专家，但是完全够用了。后来，我也一直在践行他的"5小时理论"，并学会了很多东西。

TED演讲者、"学霸"乔希·考夫曼在他的畅销书《关键20小时：快速学会任何技能！》中，也提出了同样的观点。他在这本书中，向大家传授了一种在很短时间内快速掌握一门新技能的方法：既不用太痛苦，又不用花太多的时间和精力。他指导大家如何把这些方法运用到具体的技能实践中，向你展示他自己如何在20小时以内（每天学习90分钟）便学会6个全新的技能——瑜伽、编程、盲打、围棋、弹琴、冲浪。

其实，不管是"5小时理论"，还是"20小时学会任何技能"，都是在讲如何快速学会一件事。请注意，是学会，而不是学精。很多人都知道"1万小时理论"，是指要想成为某一领域的专家，需要经过1万小时的练习。"1万小时理论"，或许一辈子用一次就够了。其实，你经常需要使用的是"5小时理论"和"20小时学会任何技能"。当然，大家不用纠结到底是5小时还是20小时，重点在于用很短的时间学会一件事。

下面，我结合我自己的真实经历，来讲讲我是如何利用这个"5小时理论"快速学会一件事的。

我的核心方式就是6个字：学关键方法论。

第一个故事，我的亲身经历：两小时学颜色，80%的颜色问题都解决了。

我曾经一直从事品牌营销工作，经常需要选产品、广告、海报的颜色，之前我一直没有自己的选择标准，不知道如何判断。所以，我就决定学习一下"颜色"的知识，起码做到对颜色有一个入门的理解，在工作中遇到有关颜色的问题时，能做出基本的判断。

当时，我就上网搜索有关颜色的书，找到了《每天懂一点色彩心理学》，作者是日本的原田玲仁。我用两个多小时的时间，把这本书看完了（真的，连5个小时都没有用到）。我还记得，我当时看这本书是在一个公园里，坐在草地上，晒着太阳看完的。

这本书非常适合大家掌握色彩入门的基础，它主要有三大核心内容。

一是色彩的基本知识，比如颜色的三个属性"色相、明度、彩度"等。通过了解这些基本知识，就能让我们对颜色有根本上的认知。

二是不同色彩的应用。作者是讲色彩给人带来的心理感受，以及针对这些心理感受常见的应用。比如：蓝色会给人信任和平静的感觉，因此客服大多穿的都是蓝色的衣服，而银行、金融机构也多会选择蓝色作为自己的主色调。这样就能让我们对每一种色彩到底如何应用，有了本质上的理解，而且与现实直接联系起来。

三是色彩的搭配。书中讲了色彩搭配的几种核心原则，比如"对比搭配""同色系搭配""同明度搭配"，这就能让我们一下子理解该如何去进行色彩搭配。不管是看一个海报的色彩搭配，还是我们每天自己的穿衣搭配，都可以马上应用。

我就是通过看这本书入门的，虽然不是专家，但是应付我的日常工作和生活，完全够用了。之后，不管是海报配色、PPT颜色、穿衣搭配，我都不再是盲目的状态。可以说，生活和工作中，80%有关颜色的问题，我都清晰地知道应该怎么做了。

可能有人说，"5小时理论"对于学知识可以，那如果是学技能，就不行了吧。其实还真不是，对于学习技能，"5小时理论"同样适用。接下来，我就给大家分享我学习蛙泳的经历。我花了差不多十几分钟，就学会了蛙泳。

第二个故事，我的亲身经历：10分钟学会蛙泳。

我是一下子学会的蛙泳，别说5个小时，可能连50分钟都没有用到。我是湖南人，从小和很多孩子一样，经常在小溪、小河里面游泳，我们叫洗冷水澡（当然，这种行为不提倡，在野外游泳非常危险，我之前也只是去水浅的地方，而水很深的水库以及大河，则从来不去）。我们从小一起长大的小伙伴，大家基本都会游泳，但都是狗刨式。

后来长大来到城市，游泳只能去游泳池了，不过，我一直都是狗刨式，游一会儿就会很累。有时候，我也会和朋友一起去游泳，他们都是游蛙泳，我看他们能一次游很远，也让他们教我，但一直没有学会。

后来，我遇到了一个很会游泳的朋友。有一次我们一起去游泳，他看我奇怪的狗刨式，就说我来教你游蛙泳吧。

于是，他给我讲了蛙泳的几个关键动作要领，包括手和腿分别要怎么动，怎么配合，头何时浮出水面换气，等等。他给我讲了几分钟，接着我按照他教的动作要领下水尝试，没想到很快就成功了。

一开始我的动作还有点不太标准和娴熟，紧

接着他帮我修正了动作，我又练习了几次，就学会蛙泳了。

这整个过程，也就十几分钟的时间。可以说10分钟，我学会了蛙泳。

记得当天，我就直接游完了800米。我当时觉得非常神奇，要知道之前好多朋友教过我，我也游了那么多年的狗刨式，没想到，被他教了几个动作要领，练习几次，我就会了。后来我回想，原来教我的朋友，并没有给我讲到这些关键要领，每个人的说法都不一样，所以我没有学会。

其实，这件事过去快十年了，但我依然记得当时我一下子学会蛙泳后的那种激动心情。因为真的太让我意外了。

后来，我学习羽毛球也有类似的经历。之前打羽毛球也是野生打法，有一次和一个朋友对打，我看他不仅打得很轻松，而且不管我怎么回球，哪怕是突然来一个变线，他也能很轻松地接到，好像能预测我的回球路线一样。

我向他求教。他告诉我，应该如何走位，关键要领是打完一个球后，必须马上回到中间位置，这样就可以了。

天哪，真的就是"马上回到中间位置"这么一个关键要领，我打球再也不用满场子跑了，而且羽毛球水平自然提高了很多。

通过以上三个我的真实经历，其实大家应该看到了，要想快速学会一件事，其实不用那么复杂，就是直接学关键方法论。

如果你要学唱歌，最关键的方法论就是"呼吸"，只要学会"呼吸"，你就抓住了唱歌的灵魂；如果你要学习写作，那就直接学"金字塔原理"，这个几乎万能的写作结构，就能帮你搞定80%的写作；如果你要学打羽毛球，就要学标准的握拍动作、常见的出拍姿势以及在场上的走位和走位的步伐，这些是学打羽毛球的精髓。这样的例子还有很多。这些我们要学习的东西，就是"关键方法论"。

不管多复杂的事情，哪怕是开飞机，关键方法其实也就那么几点。当你学会这些关键方法后，剩余的事情就是不断地刻意练习，变得熟练。

另外，这个世界在哪个领域都有"28法则"，关键方法论能帮你搞定这件事中80%的东西，你其实只需要20%的时间就能学会。当然，剩余的20%，如果你不想成为专家或者高手，可以慢慢了解，甚至干脆不管了，因为你掌握的80%完全够用了。

所以，相信我，学关键方法论，能让你学会任何事。这是一个你一辈子要用千万次的方法，你一定要有这样的思维。

3. 了解100个关键词：麦肯锡顾问这样快速精通一个行业

作为麦肯锡前合伙人、知名作家，冯唐在《冯唐成事心法》一书中分享了麦肯锡的重要看家本领：短时间快速精通一个行业的方法。这套方法，也是一种系统的学习新知识的方法，其核心内容如下：

第一，先知道 100 个关键词。

比如，如果你要了解广告行业，那么你首先把"CPM、CPS、CPC、转化率"等这些关键词弄明白，这个行业你就明白一大半了。再比如，电商行业，你把"销售额 = 流量 × 转化率 × 客单价"这个公式搞明白了，这个行业的根本逻辑你就掌握了，因为电商这个领域，都是在围绕这个公式工作。

所以，你要明白一个行业，先找出这个行业的一些"关键词"，找出 100 个，这个行业你就理解了八九成了。

第二，找 3 到 5 个专家，跟他们坐下来谈半天到一整天。

冯唐在书中写道，没有傻问题，就是尽量多问问题。可以一开始跟专家讲，你对这个行业一无所知。你要做的，就是一个问题一个问题事无巨细地问下去。当你问了 3 到 5 个专家之后，你会发现他们的回答中，其实有很多共同点。这些共同点，就是你所需要知道的这个行业的最重要的东西。

第三，找 3 到 5 本专著，仔细地看完。

可能有人说，我找不到专家来问问题。找不到专家，那就找这个专家的书来看吧。在前面，我讲到了带着问题去读书的方式，而且还专门讲到每个领域都有基石之作，看懂这些书，就能对这个领域从根上有所了解。当然，你可以多找几本书来看。这就相当于主题性阅读，就是通过看几本同一主题的书，把一个事情搞明白。你可以把其中的一本作为核心，仔细研读。再对比着去看其他的书，找出其中相同的地方。这些相同的地方，就是行业中最重要的东西。当然不同的地方，你也需要注意，可能是不同的作者对这个问题的不同看法，也很有可能是在现实应用中针对不同情况的不同应用。

看完以上三个方法，是不是觉得并没有多难。关键在于，你要真正行动起来。当你按这整套方法去做，很可能，你只要花几天的时间就能精通一个行业。

这套方法能让你在短时间内入门，但如果你想要做到精通，成为真正的专家或高手，那还需要年复一年的学习、应用，千万不要认为，你学完了，就学精了。记住，你学的只是方法，关键是"输出"，也就是用起来。那关于怎么输出，怎么用，在本书"多元输出"的部分，有专门的讲述。

第三节

学好：新知输入，做好"夹心饼"

　　王安安（化名）是来自河南农村的一个女生，她的爸妈都是小学文化，但是她竟考上了北京大学。她说她最感谢的，就是在小时候妈妈让她养成了好的学习习惯。她说，这个习惯，对于她考上北大，功不可没。

　　农村人，一般早上都起得比较早。她上小学的时候，每天早上，妈妈都会让她把今天学校要学习的东西先自己看一下，然后再去上学，如果遇到有不懂的地方就标出来，上课的时候认真听不懂的部分。

放学回家，妈妈会让王安安先把今天课堂上学过的知识复习一遍，然后开始做作业。因为有了知识的复习，所以写作业就会很快，而且题目也更容易做对。

在整个小初高的学习期间，王安安一直按照这个学习步骤进行学习，后来成绩也很好，考上了北大。而且进了大学后，她也一直这样学习。在高手如林的北大，她的成绩也一直很靠前，后来保送了北大的研究生。

王安安为什么那么感激妈妈给她养成的学习习惯呢？是因为王安安的妈妈让她做好了学习新知识的"夹心饼"（学前、学中、学后）工作。下面，我就以非常典型的"课堂学习"，来讲述这三个步骤分别要怎么做。

一、学前要预习：关键是把握好度

有这样一句玩笑话：高一上数学课时，我弯

腰捡了一下掉在地上的笔，从此以后，高中三年，我就再也跟不上老师讲的课了。

虽然这是一个玩笑话，有点夸张，但这也说明了有很多需要学习的新知识，虽然有老师教，但是学习的难度本身就很大。

那怎样避免上课跟不上的"悲剧"，保证在正式学习时自己能学明白呢？

给你一个很好的方法，就是"课前预习"。

你可能会说："我上学的时候也预习啊，可是为什么我的成绩还是不好呢？"那很可能是因为，你预习的方法不对，你没有明白预习的目的和原则都是什么。

预习的目的只有一个，就是为正式的学习做准备，让我们在正式学习时，能学懂要学的新知识。比如，学生课前预习的目的，就是为课堂听讲做准备，让自己能在上课时听懂老师讲的内容，让自己能把新的知识学明白。

基于这个目的，下面我们就以学生的课前预

习为例，来讲预习的三个核心要点。

要点一：知识环环相扣，复习后预习效果更佳。

预习，顾名思义，讲的是预先学习新的知识。也就是说，学的知识是你自己没有学过的。

那既然是没有学过的，怎么才能学懂呢？知识是环环相扣的，根据人理解新知识的认知逻辑，我们需要利用已经掌握的知识来学习、理解新的知识。这也是预习的本质。

你对旧知识掌握得越到位，你就越能充分理解新知识。因此，对于学生的课前预习，选择对的预习时间，预习效果会翻倍。通常情况下，最好在上课的前一天晚上进行预习，尤其是当天的复习或者作业完成后。因为，这时你刚刚复习完、做完题，你学的知识还是"热乎的"，这时你再趁势预习，就能利用已经学过的知识进行思考，去理解新的知识，也是对学过的知识的应用，有双重的效果。

要点二：不要变成"超前学习"，标出疑难点即可。

预习的目的只是为课堂听讲做准备，不是要求我们必须学明白。如果你在预习时觉得很多地方不懂，要查找各种资料才能学明白，那就不是预习了，而是超前学习。这样做的话，你会觉得预习太难太累了，很可能坚持一段时间就放弃了。

所以，预习一定不要变成"超前学习"，按照要点一的方法去预习，通过自己的思考，能理解多少就是多少，不要强迫自己必须把所有东西搞明白。关键是，你要把不懂的地方，上课需要认真听的地方标记出来，知道上课的时候，重点听什么，这才是最重要的。

要点三：寒暑假整体预习，学霸超越你的关键方法。

"不怕班里有学霸，就怕学霸过暑假。"这句话你很可能听过。你有没有发现，你班里有些同学，和你期末考试成绩差不多，但开学考试，一下子就比你强了很多。为什么呢？

这就是因为，很多学霸在寒暑假不仅会复习上一学期学过的东西，还会预习下一个学期要学习的新知识。

对于基础差的同学，当你在寒暑假复习了上个学期学过的知识后，如果你还有多余的时间，你最好是能找来下个学期的课本，提前预习下个学期要学的新知识。

而对于学习成绩不错的同学，如果你想让下个学期的成绩再有明显的提升，在寒暑假，你就可以花更多的时间，对下个学期的内容进行整体预习。相信我，这就是你成为学霸、超越学霸的一个很好的方法。

最后，特别提一句，预习能让你获得一种心理上的优势，这种优势会转化为信心，从而超越其他同学。

你想想，上课前，你已经对这节课要学的内

容有底了；新学期开学，你已经把这个学期要学的东西，都预习了一遍，心中有数了。这时，你肯定会更有信心，上课的积极性、学习效率会更高，你还担心你的成绩提高不上来吗？

二、学中有目的：把握目的性，关注疑问点

你有没有这样的感觉？你觉得你们班那些成绩好的同学，并没有学得多努力，下课铃一响，第一个冲出教室的，可能就是他们。而你也从来没有听说过他们回家后挑灯夜战，相反，他们总是在和你说，昨天放学后，又和谁去打球了，又去哪里玩了。这些同学并没有花多少时间在学习上，可他们的成绩为什么很好呢？这是因为，他们非常善于抓住课堂的 45 分钟。

那你会说，我也抓住了课堂 45 分钟，认真听了老师讲的每一个字，该做的笔记也都做了，

可为什么下了课，还是没有学明白呢？

此前我们专门举例讲了课前预习，为听课做好准备，核心就是标记出"疑难点"，在上课的时候认真听老师讲。不管我们用什么方式听讲，目的是一致的：就是搞懂课堂上老师教的东西。

那如何达到这个目的呢？有三个很重要的方法。

方法一：重点听预习时不懂的地方。

在预习中，不懂的地方，就是你上课时最需要集中精力听的地方。

连续 45 分钟保持高度专注认真听讲，对于任何人来说，都是有一定难度的，所以，听课时分心也在所难免。不过，你一定要注意，在老师讲到你不懂的地方时，你要做到全神贯注，打起十二分的精神，这是你整节课最需要集中精力的地方，你一定要尽自己最大的努力，把老师讲的内容听懂。因为，你听懂了这部分，加上你预习时本身已经明白了的部分，整节课的新知识，你就都明白了。

先消灭不懂的地方，这是最关键的事，也是听课的"第一目的"。

方法二：注重头尾，跟着老师再走一遍知识链条。

只要是学习新知识，每一节课大都有清晰的知识结构体系和具体的知识链条。换句话说，一节课要学的新知识不是零散的，而是用一定的逻辑结构串联在一起的。

所以，当你听完一节课时，如果你只是学到了零散的知识，那你并没有学好这节课。真正的学好这节课，一定是你能自己把这些知识串起来，形成完整的知识体系。

那如何才能实现这个听课效果呢？

这就需要你非常注重每节课的开头和结尾。因为每节课的开头，老师会提纲挈领地讲这节课要上的内容，也就是这节课的结构；而这节课结尾时，老师会总结这节课的核心要点，再把这节课的知识为你总结一遍。

另外，除了一头一尾，你还需要全程跟着老师的上课节奏，整体走一遍。或许你自己预习时已经整体走了一遍，那跟着老师走一遍，也是一次很好的巩固知识的机会，这会让你理解得更透彻。

在跟着老师走一遍的过程中，你要特别注意你自己的理解和老师讲的差别，看看自己的理解是否有问题，同时修正自己，直到真正理解通透，把知识链条贯通。

如果你预习的时候，没能完全贯通整个知识链条，你更应该跟着老师走一遍，让自己明白知识链条是如何形成的。

方法三：课上没懂的地方，马上去问。

下课时，如果还有哪里没学明白，请一定要趁热打铁，马上追着老师去问，抓着同学去问。如果你不去问，而是每次都这么放着，不懂的地方只会越来越多，再想去补回来就难了。而且，如果你没有学明白，再学后面的新知识会更难，因为很多新知识都是根据前面的知识一步步推进的。

以上三个方法，都是为了达到一个目的：想尽一切办法，把新知识都学明白。你要重点关注预习时不懂的地方，如果正式学习后还是不懂，必须趁热打铁，马上搞懂，如果留着不管，后面的新知识就更难学明白了。

三、学后要复习，最容易被忘掉的一步

很多同学放学回家就写作业，显得很努力。但其实这样，学习效果并不好。为什么呢？

你一定会发现，当你写作业的时候，有很多题目做不出来，因为课堂上新学的东西已经被你遗忘了，你就只能再翻看课本上新学的知识。这样非常耽误学习时间，而且非常影响学习的专注度。

除此之外，还有更严重的问题。当你做作业时，你发现很多题目不会做，会让你的自信心遭受到极大的打击。久而久之，你就会产生挫败感，对学习越来越没有兴趣，给学习带来长久的负面影响。

在开篇的案例中，王安安的妈妈要求她每天做作业前，先把当天学的知识复习一遍。别小看这个细节，它其实是非常关键的一步，这一步对于很多同学来说，是非常容易忘掉的，但又是极其重要的一步。

为什么呢？

你是否有这样的体会，老师讲课能听懂，但自己做题又做不出来。

这是因为，通常情况下，你回家做作业，当天学的知识还是新知识，你可能在课堂上已经搞明白了，但你毕竟没有运用过，而且是刚学会的，很容易遗忘。所以，当你做作业的时候，并不能真正运用起来。

另外，还有一种情况是，你极有可能根本没有学明白，只是"假明白"，因为上课时你跟着老师的思路走，不需要自己思考，你只是在被动学习。但让你自己主动思考时，你可能就搞不定了。这就好比你从 A 点到 B 点，你跟着老师走过去了，那是老师带你走过去的。但如果让你自己走，你可能遇到一个岔路口，就不知道往哪儿走了。

不管是哪种情况，你都没有完全掌握当天所学的知识。所以，在做作业前，你要把当天学的东西再复习一遍。这一次，你的行为是"主动推进"的，完全靠自己把知识点搞明白。你整体推导一遍，如果推不出来，回到课本再看，回想老师是怎么讲的或者查辅导资料，直到自己完全搞懂搞透。在这个基础上，你再来做作业就会发现，每道题你都能做出来，而且做得又快又准确。

以上是以课堂学习举例，给大家讲述了学习新知的"夹心饼学习法"：先学前预习，再正式学习，最后再复习。

讲到这里，我特别说明一点：新知的输入需要跟着后面的输出，就是练习。所以，真正学好新知识，需要完整的四步，除了前面讲的三步外，还需要加上后面的做题输出。输出部分将会在后面的章节专门讲述。

再回到新知的输入部分。任何新知的输入都和课堂学习没有本质的区别，都是把新的知识输入进来的过程。因此，任何新知学习都是"预习、学习、复习"这个夹心饼式的三个步骤。

用直白的话说就是，不管你学什么新知识，都是这三步。

第一步：学之前，先预习一下，降低正式学习的难度，在预习的过程中，把疑问点标记出来，以便正式学习时重点关注。

第二步：正式学习时，别管是上课跟着别人学，还是自学，这个步骤就是带着明确的目的，把不懂的地方全部搞懂，这是一切的关键。

第三步：当你学完后，要记得及时复习，这样效果才会更佳，一方面是消灭"假明白"，另一方面是防止遗忘，加深理解。

第三部分

深度消化：如何
彻底搞懂知识

在知识精准输入之后，下一步，就是要把输入的知识彻底学懂，因为懂了才能真正做到输出，做到应用。

　　那怎么样才能彻底学懂知识呢？在这一部分，我来告诉你一套"能彻底学懂知识"的简单易用的方法，一共三步。

第一节

心态准备: 要么拥有钝感力, 要么无条件自信

　　要把所学的知识彻底搞懂，并不是一件容易的事。因为很多新知识需要你花大量的时间和精

力，才能真正理解。尤其是遇到一些高难度知识的学习，更是难上加难。

在这个过程中，你很容易因为觉得自己彻底学懂无望，或者因为一直都学不懂的挫败感，从而放弃。而一旦放弃，你就失去了彻底搞懂知识的可能性。

所以，在"深度消化"这个部分，先不讨论方法，我们首先要保证第一点，就是我们要把深度消化，彻底搞懂知识这个过程执行到底，绝对不能放弃。

那我们具体该怎么做呢？第一步，就是"心态准备"。心态准备的核心，就是要让自己自然而然地完成把知识彻底搞懂的整个过程，扫除一切可能的障碍。

如何准备好心态呢？有两种非常行之有效的做法：要么拥有钝感力，要么对自己无条件自信。

接下来，我就来给大家具体讲述。

一、拥有钝感力，你会不知不觉完成深度消化

日本作家渡边淳一有一本书叫《钝感力》，在这本书中，他提出了"钝感力"这个词。按照渡边淳一自己的解释，"钝感力"可直译为"迟钝的力量"，即从容面对生活中的挫折和伤痛，坚定地朝着自己的方向前进，它是"赢得美好生活的手段和智慧"。

钝感力好的人更容易成功，钝感力几乎是所有成功人士共有的一种能力。在书中，渡边淳一讲了自己的一个例子。他刚开始写作时，是和一帮三四十岁的文学新人一起，在一个名为"石之会"的文艺沙龙里互相交流创作心得。

因为大家都是文学新人，他们并不被报社、出版社的编辑们重视，他们投稿的作品，经常石沉大海，或者被原封不动地退回去。当时沙龙里有一个名叫 O 的男作家，是沙龙里最有才华的一

位，不过他的自尊心也最强。

当遭遇退稿后，O 先生很长时间都缓不过劲来。他整天无精打采、死气沉沉、挠头、叹气，满脸阴郁的神情。毫无疑问，长期处在这样的精神状态中，O 先生的锐气渐失，从根儿上失去了创作新作品的欲望和斗志。几年后，O 先生就彻底在文坛消失，很是让人惋惜，毕竟他那么有才华。

而渡边淳一先生则是 O 先生的反面，当遭遇退稿时，他就安慰自己"那个编辑根本不懂小说"或者"发现不了我的才能，那真是一个糟糕的家伙"。虽然受到这样的打击，渡边淳一也会借酒浇愁，但隔个三五天，便重整旗鼓，继续埋头创作。后面的结果大家也都知道了，渡边淳一在文学创作上取得了很棒的成就。

对比渡边淳一和这位 O 先生，一个成功了，一个没有成功，最大的区别就是"有无钝感力"，是钝感力让渡边淳一最终成功，缺乏钝感力让 O

先生在文坛消失。

其实，成功的人几乎都有一个共同的特质，那就是拥有很强的"钝感力"。他们一方面很自信，相信自己可以；但更重要的另一面，他们不在意追求自己目标的路上遇到的困难和打击，哪怕头破血流也要死磕到底。这也印证了中国的一句俗话："明知山有虎，偏向虎山行。"

为什么在这一部分，我要花这么长的篇幅来讲"钝感力"呢？这是因为，学习的过程，也是追求成功的过程。学习的目的是把要学的东西彻底学懂，在这个过程中，我们必定会遇到很多困难，其中最大的困难就是，有一些知识，你根本做不到一下子学懂。这个时候，没有钝感力的人和有钝感力的人会有不同的反应。

没有钝感力的人会认为："这个太难了，太令人挫败了，我都努力好几次了，还是没有搞懂，这完全超出我的能力范围。算了吧，这个部分就不学了，我学其他部分吧，没学懂这个部分也没什么问题。"会这么想的人其实并没有真正去努力，而是觉得难，就干脆放弃，只是假装看了下书。这样的人自然是学不懂的。这样的学习，就是一种"逃避式学习"，这样学习的结果就是，留下来很多知识漏洞，或者一知半解，并没有真正彻底搞懂。学习效果可想而知。

有钝感力的人会认为："这部分内容我不懂，可能是我的方法不对，我必须要想办法搞懂。"于是，他就开始想各种办法，查各种资料，或者求助老师。反正，他们会用各种办法把知识真正搞懂。在这个过程中，他们只有一个目的，就是把知识彻底学懂，并没有其他诸如"努力了几次还没有搞懂就心生挫败感"的想法。就是在这样的行动中，不断地学习、思考、研究，这个知识就彻底搞懂了。

这样的学习，和"逃避式学习"恰恰相反，这是"不达目的不罢休式的学习"，自然结果也是完全不同的。

"钝感力"为什么有如此强大的效果呢？其实，渡边淳一先生也从生理的角度进行了研究。渡边淳一先生本身是一个外科医生，从医学的角度，他认为钝感力会通过大脑神经影响血液的流动，对身体产生一种好的影响。钝感力好的人，血液流动速度更快，心情会更舒畅。其实，我们自己也会有这样的体验，就是当我们心情好的时候，状态会很好，我们做事的效率会更高。反之，如果我们的情绪低落，对任何事情都提不起兴趣，做事的效率可想而知。

　　所以，在深度消化的过程中，我们不妨做一个"心大的人"，多一些无所谓的心态。没学懂，就是没学懂，无所谓，我接着继续学就是了。

　　具体做法上，我给大家推荐一种方法，我把它称为"别人也这样法"。什么意思呢？就是当你对自己的表现不满意、产生挫败感时，你就告诉自己"我又不是什么神人，别人也这样"，这样你的心态就会瞬间变好，放过自己，原谅自己。

举例来说，当你要背100个单词，背了5天，还没有完全背下来，还会有错误时，你心里可能会冒出这两种念头：一种是，这单词太难背了，这不是我能背下来的，还是算了吧！另一种是，我怎么这么没用，这几个单词都背不下来，看来我不是学习的料。

不管是哪种情绪，如果不及时调整，你都很有可能放弃。这时，你不妨试一试"别人也这样法"。你可以告诉自己："这单词本来就很难背，我又不是什么神人，别人也是背了就忘，这没什么。"如果你希望效果更明显，你也可以使用加强版，就是增加具体的例子，配合想象真实的画面，作用更大。比如，你可以接着对自己说："你看，我们班英语成绩最好的马华同学，他也不是每次都能把单词全部背下来，你看上次单词听写，他也错了好几个。"当然，你还可以在大脑中同时想象他单词背不下来、神情懊恼的画面。

所以，每次当你在学习中遇到困难，想放弃，或者产生挫败感时，你都可以用这个方法，久而久之，你就会变成一个拥有极强钝感力的人。当学习过程中的困难、失败都不能影响你的情绪和状态时，你就会变得心无杂念。这时的你内心只有一个目的，就是把该学的东西学懂。

二、无条件自信：破除"畏难情绪"，你就能学懂一切

除了拥有钝感力，你也可以选择"无条件自信"。

当我深度研究了很多学霸后，很多家长都会问我一个问题，就是学霸都有哪些共同的特点。

从表面上看，顶级学霸的共同特点就是不偏科，而且每科的成绩都是顶级水准。靠普通高考考进清华北大的学生，最终的高考成绩，大多是没有明显偏科的。因为有偏科，是不可能考上的。反之，我认识的好多985名校的学生，他们有些

人的单科成绩非常高，甚至有单科满分的情况，但是总有那么一两科分数相对弱一些，所以没有考上清华或北大。

那顶级学霸是怎么做到的呢？是他们天生每个科目都很强吗？

当然不是。其实我们稍微想想就可以得到答案。为什么这么说呢？人类历史上，真正意义上的全才是极少的，比如达·芬奇。他不仅是艺术家、科学家、数学家、解剖学家，同时也是发明家、植物学家、天文学家、哲学家、土木工程师、设计师、制图师……他在每个领域都留下了不朽之作，堪称玩跨界的鼻祖。

关于是否有全才这一问题，我专门请教过一个从教育角度研究脑科学的博士，他说一个人的大脑容量是有限的，如果一个人在某一方面厉害，那么在其他方面大概率就会差。脑科学是非常复杂的，如果只是简化理解，就可以把一个人的大脑想象成容积固定的容器，想把各种东西都装进去几乎是不可能的，当一种东西占的地方大，其他东西占的地方就会少。

所以，大多数人都是在某一方面有特长，有天赋，而在其他方面差一些。既然如此，那顶级的学霸是怎么做到不偏科，而且每一个科目都很强的呢？

其实，他们几乎都有一个共性就是：不畏困难，不达目的誓不罢休；明知山有虎，偏向虎山行。

我接触的每一个顶级学霸原本都有自己的偏科，有些弱在语文，有些弱在数学，有的弱在其他科目。而且特别有意思的是，很多学霸对自己擅长的科目，并没有什么学习方法，可以说就是有天赋，不用怎么学就能拿高分。这就是他们的优势科目。所以，他们在学习的时候，会把大部分时间放在自己的弱势科目上，最终通过自己的各种办法，把弱势科目的成绩提上来。因此，顶级学霸通常是对自己的弱势科目有学习方法，因为这是他们花了心思，想了办法，最终把成绩提上来的科目。对这些科目的学习，他们是非常有心得的。

所以，如果你想求得好的语文、英语的学习方法，你可以去向一个考上清华的理科生请教，他的方法，可能对你来说更有帮助。

顶级学霸学弱势科目的态度是：迎难而上，哪科不行强攻哪科。

北大的小叶学姐是以全省前十的成绩考进来的，文科接近 700 分的成绩，可谓非常高的分数了。但其实，在临近高考还有一个月时，她的地理成绩还是班上的倒数几名。

她知道，如果地理成绩继续如此，她是不可能考上清华北大的，能考上人大、复旦也很不错，所以，她并没有太过于在乎自己的地理成绩。但在最后，她还是决定拼一下。于是，在高考前最后一个月，她选择强攻地理科目，后来，她的地理成绩提上来了，最终考上了北大。

小叶学姐就是顶级学霸的一个很典型的例

子。他们面对偏科，并没有去想它有多难，而是在思考，要怎么做才能考出好成绩，找到方向后再去努力，这样最终的结果才是好的。

所以，学霸是哪科不行学哪科，学渣是哪科不行就哪科不学；学霸是瞄着偏科上，学渣是躲着偏科走。

学习成绩差的人之所以不愿学偏科，是因为心中对偏科存有恐惧，从骨子里面接受了自己就是学不好某一科的现实，认定自己这辈子都不可能学好了。或者是想学好，但是觉得自己实在是差得太多，觉得完全无从下手，不可能赶上来了。人一旦被"畏难情绪"左右，就会干脆选择放弃。

在这个世界上，有一样东西对每一个人都是公平的，那就是"时间"。你的时间花在哪里，你的收获就在哪里。同样的学习效率，你投入更多的时间，就能得到更多的回报。在这个世界上，没有谁天生就懂某个知识，也没有谁天生就会某一项技能，只要你愿意投入时间和精力，任何知识你都能越学越明白，任何技能也是越用越熟练。

我说这么多大道理，就是想让你从根本上相信，你是可以学懂任何知识、学会任何事的，你要发自内心地相信这一点。

写到这里，分享一下我自己学英语的过程，你会更加相信，你能学会任何想学的东西。

我大学时阴差阳错选了英语专业，农村出身的我，英语成绩非常一般，而老师基本都是全英文授课。大一第一个学期，老师讲的课，我完全听不懂。有时候老师讲了一件好笑的事情，所有同学都哈哈大笑，我根本不知道他们在笑什么，只能跟着假笑，感觉自己像一个小丑。毕竟，和同学之间的差距太大了，我觉得能把英语学到像他们那么好，几乎是不可能的。

大一第一个学期，我过得非常非常痛苦，那种感觉我真的非常不喜欢，整个人很压抑、不快乐，甚至绝望。在这样的情绪下，我根本无法集中精力学习，也提不起任何精神（没有钝感力的表现）。我一直是一个求上进的人，所以，我就像一个机器一样，每天一大早就去上早自习，从不逃课，晚上去英语角，有空就泡在图书馆里。但持续一段时间后，没有任何效果。因为我没有学进去，一切都是在装样子而已。

当时，是我的精读老师帮了我。我是班里的学习委员，和精读老师的接触比较多，她也看出了我的低落和焦躁。她对我说："廖恒，你不用跟别人比，你就跟自己比，只要你自己每天都在进步，今天的自己比昨天的自己强就可以了。"快二十年过去了，我依然清晰地记得这句话。

老师的这句话点醒了我，就像一道闪电劈进了我的大脑，我的世界似乎瞬间打开了，感觉前面一片光明。而我的心，也一下子平静了下来，那种低落与焦躁的感觉，瞬间就没有了。

我当时就只有一个想法，今天的英语成绩要比昨天的英语成绩好。当心情平静下来，心无杂念地开始行动后，整个世界都变了。

我拿出精读课本，搬出牛津大词典，从课本上的第一篇文章开始，真正地开始精读。不认识的单词，一个个地查，不仅看这个单词，还会把同词根的单词都抄在课本上；看不懂的句子，我一个个拆解结构，用不同颜色的笔画出来。我要求自己，必须每个句子都认识，每个单词都记得，而且还要能翻译成中文，翻译成中文后，再回译成英文，做到和原文一样。这些做完后，还要把文章背下来。当然，同步的还有泛读，就是大量地看英文单词，保证摄入量，只求看懂，不求看精。

　　真的，无法想象，原来我也能如此精细地学英语。在这个过程中，我自己都能感觉到我的英语水平以肉眼可见的速度进步。我学一篇文章的时间越来越短，老师上课讲的东西，我也很快就能听明白了，大家笑，我也会跟着笑了，因为老师讲的英语我都能听懂了，而且也能很自然地在课上用英语回答问题了。我发现自己和班上的同学并没有什么差距了，期末考试成绩也进了年级前几。这样的结果，我自己也非常意外，是我之前不敢想的，我的英语成绩居然也能做到这样，而且我只花了一个学期的时间。

后来，我接着去考英语六级，没有做任何准备，连进考场前题型是什么都不知道，裸考通过。因为我自己喜欢的是新闻，我是打算只把英语学到能毕业，差不多够用就行。所以，之后我就没有再怎么花时间去学英语了，基本都在做新闻的事情。大四的时候，英语专业八级，也是裸考通过，而且听力20分，得了19分。可以说，从大二到大四，我的英语就是啃那一个学期的老本。

所以，在无数人看起来很难很难的英语，花了很多时间也没有学好的英语，其实我只是很精细地努力了一个学期，就能应付很多考试了。

因为有了学英语的这个成功经验，后来，我对学习其他新的知识和技能都不发怵了。只要是自己决定要学的，或者说一定要学的，我根本就没有想过我是否能学会，都是直接开始学，结果很多都学得很不错。

包括，我为什么要写这本《极简学习法》，也是因为我从根上相信，只要不是顶级难度的知识或者技能，一般的知识，其实任何人用对了方法，都可以学懂学会。

说到这里，我相信，你也已经开始相信了，你可以学会任何知识，学做任何事情。

所以，从相信开始，忘掉你眼前的困难，扔掉畏难情绪。

请你无条件地相信自己：

你可以学会一切！从勇敢开始，坚持下去，你一定可以！

第二节

精准自查：请极度坦诚，三招揪出漏洞

当我们解决了心态问题，现在就要开始具体的行动了。

要完成深度消化，第一件事就是找到自己的问题，也就是找到自己还没有消化的部分。你一定有这样的经历，当你学习新知识时，其中有很多是比较简单的，你一学就懂了。但总有一些部分，你无法一下就学明白学透。而深度消化，就是要把你没有学明白学透的部分彻底弄懂弄透。

那么，怎么找出那些我们没有搞懂的部分呢？主要分两个方面：第一个方面就是你要有对

的心态，第二个方面就是你要有对的方法。

一、自查是反人性的，你要极度坦诚

承认自己的错误，可谓是人最难做到的事之一。很多学习能力差的人，并不是真的学习能力差，而是他们不能正视自己学习过程中的问题，选择了掩耳盗铃，从而失去了真正学好的机会。

我相信，在你上学的时候，你们班上一定有那么几个男孩子，很聪明，思维很活跃，甚至有点调皮捣蛋，而且学习成绩也不错，尤其是数学等一些理科的科目，每次考试都能考到班级前十，偶尔还能考第一。但是他们的名次不稳定，可能这次第一，下一次就是第十了。

同时，你们班上肯定也有这样的同学，多数是女生。他们好像没有这些男孩子聪明，也没有这些男孩子活跃，总是安静地坐在座位上学习，和同学之间没有太多交流。他们的成绩虽然不是那么拔尖，但也总是在稳稳地进步，而且一旦考到班级前几名后，成绩会很稳定，最终也考上了不错的大学。

其实，第一种同学，就是学习效果差的人，他们成绩的取得更多的是靠自己的天赋，所以，他们的知识体系里面总是有知识的漏洞，或者有些知识是一知半解的。如果某次考试，考到他不懂的地方多，那成绩就差一些；反之，如果考到他不懂的地方少，那么成绩就好一些。所以，这就是很多学生成绩不稳定的原因。

那为什么他们学习时会有知识漏洞呢？因为他们仗着自己的聪明，心思并没有放在学习上，而是总想着玩的事情。他们并不会真正深入地去研究某一个知识点，如果没有学懂，他们也不会深究。也就是说，他们从未真正审视过自己的问题，更不可能对自己的知识漏洞进行专门的学习。

而另外一种不那么聪明，但一直在稳稳地进步的同学，则完全是另外一种情况。他们最大的特点就是，一直在努力地学自己不懂的知识，在这个过程中，消灭掉一个又一个知识漏洞。当他考到班级前几名后，对知识的掌握程度也非常到位了。所以，这类学生不管怎么考，他们的成绩都很稳定。

如果说成绩好的学生中，只有极少的同学会查漏补缺，那么在成绩中等和靠下的学生中，会查漏补缺的又有多少呢？答案是更少。因为真正能审视自己的问题，并去解决这些问题的人，是少之又少的。

那当我们走入社会开始工作后，情况又是怎样的呢？

如果你现在已经工作了，看到这里，你扪心自问一下，自己的工作能力是否真正胜任目前的工作岗位？如果说从能力分析有一些抽象，那么你想想，你最近一个月、一个季度、半年，甚至一年，是否认真地做过项目的复盘，或者即使做了复盘，是否真正做到了客观分析这个项目的得与失、自己的不足？

　　我相信，这两个问题的答案，能拍着胸脯说自己做到了的人，是少之又少的。

　　所以，大多数人都是厌恶自我审视、剖析自己问题的人。

　　如果你真的想让自己的学习有效果，就应该做到"自我剖析"，学会自查自己的问题。当你开始进行自我审视时，你必须要保持极度坦诚的心态，才能做到真正的自我审视。

　　要做到极度坦诚是很难的，也是很痛苦的。因为当一个人去找自己的问题、自己的错误时，他是很难受的。你想想，当别人批评你时，你会很高兴地接纳吗？现在，你需要毫不留情地自我批评。这种感觉对于多数人来说，是很难受的。不过，挺过去，你就会有巨大的收获。

　　接下来，我将给你三种精准自查的方法，让你真正找到自己学习上的漏洞。

二、三种方法精准自查，漏洞无处可逃

如何对自己的学习进行精准自查呢？其实，只要你本着客观坦诚的心态，对自己的学习情况都会有基本的了解。你应该比较清楚自己哪些科目学得不太好；对于具体的科目，你应该也知道哪个部分是自己的弱项，比如数学，你知道自己在立体几何部分没有学明白。

虽然我们都对自己的学习情况有一定的了解，但为了更精准地找到自己的漏洞，更精准地学习，本书给大家推荐如下三种方式，这样能方便你做到"精准自查"。

1. 源头自查：用清单自测

源头自查，就是按照"要学习什么"这个源头进行自查。简单来说，就是要学的东西，看自己都学会了吗？

源头自查，我比较建议按照清单自测法进

行，即按照学习的清单进行检查。即使再复杂的学习，当你真的要具体落实下来，也应该分解为不同的学习细项，一项一项地解决。所以，在自查时，对着这些细项，一项一项地进行自测，就是一种很科学的方式。

有明确目录或者范围的考试学习，就很适合这种方法。下面我们就用课本学习和考试学习这两种方式来看，清单自测法到底如何使用。

课本学习：如果你要检测自己在一门课程中有哪些知识漏洞，可以翻到课本的目录部分，对着目录，一条条检查，看看每条目录对应的内容是否都已经掌握。我们使用的一个基本的检测方法，就是照着目录进行复述，看能否讲出这部分目录的要点和内容，如果能，则就是基本掌握了；如果不能，那就是没有学懂。当然，你也可以根据自己要达到的学习目的，利用不一样的标准进行自测。如果你的目的是要学会应用，那你的检测标准就是看自己是否能熟练应用。

考试学习：多数的考试都是有明确的考试要求的，而且有考纲。这种学习的自测方法就是，拿出考纲，对照考纲规定的考点，以及每个考点的要求，一项项进行自测。这里特别需要提醒的是，一定要仔细检测自己是否达到了考纲对每一个考点的具体要求。为什么呢？因为对不同的知识点，考点会有不同的要求，有一些是需要记忆，而有一些则是需要理解或者应用，甚至综合应用。这些不同的要求，说明学习程度是完全不一样的。比如，要求记忆的知识点，那就看自己是否能背下来，不会应用也没有关系；对于要求综合应用的知识点，你就需要按照相对应的标准来进行自我检测。

　　不管是课本学习还是考试学习，源头自查的核心是从要学的知识上进行自查。而另一种方法"结果自查"，则是完全相反的一种方式，我们往下看。

2. 结果自查：按输出物自查

任何真正高效的学习，都有明确的目的。

精准自查的另一种方式，就是看我们是否达到了我们的目的，也就是我们期待的具体结果，这就是"结果自查"。

根据常见的学习类型，我们分三种情况来看结果自查这种方式如何使用。

（1）分析考卷

上学的时候，我们经常会有模拟考试。这些模拟考试，最大的价值不是看你考了多少分，而是让你找到自己的问题，查漏补缺。

对于考试型学习，在每一次模拟考试后，我们都应该拿出试卷，根据试卷的得分情况进行分析，找到自己的漏洞。虽然不同科目的考卷有一定的差别，但整体来说，考卷分析能帮你做到如下要点：

第一，查出弱势版块。

一次考试，通常会涉及多个版块的知识，通

过考卷的得分情况，很容易找到自己在哪个版块相对薄弱，而这就是你的漏洞点，也是你接下来要大力投入学习的地方。

第二，查出薄弱细节。

大的弱势版块很容易找到，可能不通过考试自己也基本知道。根据考卷，还能分析出薄弱的细节，这是极其有价值的。还是以数学科目举例，可能你得分不错，也没有哪个版块有大面积的失分，但基本每个版块都有失分，那这就说明你在每个大版块中，都有某些细节没有真正搞懂，那通过对试卷的分析，就能一一找出来，再进行精准查漏补缺，学习效果会很好。

第三，查出失分原因。

考试类学习，目的是通过考试拿到高分，这就是最直接的学习结果。有这样一种情况，你的知识点都学懂了，但考试分数不高，那你就需要对着试卷结合自己在考场上的情况来分析，自己为什么得分不高。

一般来说，你可以提三个问题来进行自查。

　　第一问：我真的把知识点都学懂了吗？

　　这一问是检查自己是真懂还是假懂。如果你发现自己没有真懂，那就乖乖地去把知识点弄明白；如果真懂了，那就来灵魂第二问。

　　第二问：我会用这个知识点解题了吗？

　　大家都有这样的体会，就是上课老师讲的能听明白，但自己做题时就做不出来。这是因为，从听懂到自己会做，中间还有一个很大的鸿沟。听懂老师讲的题，相当于老师带着你一步步走，你自己不用想。而自己做题时，会遇到很多选择，这些都需要你自己思考。如果你没有真正学会并理解透彻各个知识点，就很难做出来。这是很正常的情况。如果你确实掌握了知识，但还不能熟练应用，那就要多加练习了，找到同类型题目中的解题套路，把它总结成经验，真正把这类题目解决掉。

　　如果你发现很多题你都会做，可就是总失

分，那就需要来灵魂第三问了。

第三问：我考试的时候出啥问题了？

知识点也会，题本身也能做出来，可就是失分了，这是为什么呢？

其实，这大概率就是考试中临场发挥出了问题。如果是这种情况，就需要回顾自己在考场上的情况，是什么原因导致你平时能做出来的题在考试的时候做不出来。

一般来说，多数都属于如下几种情况。

考试粗心：比如，草稿纸上看错行了，和其他题目缠绕在一起了。应对这种粗心，可以用"四宫格草稿纸"法，把草稿纸折两次，形成四个格子，当然也可以折成更多的格子，保证每道题在草稿纸上都有自己的一块地方，每道题之间一定是彼此分离的就可以了。

考试心态：考试心态也会影响最终的考试成绩，很多时候，一道题没有做出来，是因为心态问题。比如，紧张就是最常见的考试心态问题。

在考试前，你需要找到调整好心态的方法，让自己在考场上不会因为心态问题而没能发挥出自己的真实水平。

时间问题：考试时如何合理分配时间，也是一件很讲究的事。真正会考试的人，都有自己做题的习惯，比如有的人会跳着做，甚至先做后面的主观题，再做前面的客观题，这都是可以的。如果没有利用好考场上的宝贵时间，就会导致有些原本会做的题没有足够的时间做出来。所以，学会合理利用考试时间，及时调整，让自己的得分最大化，是非常重要的。

（2）分析作品

如果你学习的目的是在考试中拿下好成绩，可以分析试卷；如果你的学习不是为了参加考试，而是为了通过学习获得某种技能，就比较适合用"分析作品"的方法来进行自测。

比如你要学做PPT，该如何检测自己学得怎么样呢？答案就是看自己做出来的PPT怎么样。

具体而言，可以用理想水准的 PPT 来做对比，一个一个地单项分析，看自己都有哪些问题。如果你发现自己已经接近理想水准，就是速度有点慢，那就需要提高自己的速度，找到具体提高速度的方法，之后进行练习；如果你发现自己做的 PPT 美观度不够，那就想办法提高美观程度。总之就是利用单项检测，快速找到自己的问题。

有人可能会说，自己找不到具体可以参考对比的作品，也没有能力评判自己做出来的作品效果如何，那就要使用第三种自测的方法：他人帮测。

3. 他人帮测：找这两种人

对于学习问题的诊断，如果你觉得自己不能做出客观的判断和认定，那就可以找他人帮忙，让他人以第三方的角度，帮你准确找出你的问题。

具体怎么做呢？核心是找这两种人。

（1）找高手

你的水平怎么样？你哪里有问题？毫无疑问，你找一个高手来帮你诊断一下，就会非常清楚了。

比如，你要看自己的写作水平如何，你找一个写作高手，把你写的文章给对方一看，对方就能直接告诉你，你哪里有问题，哪些地方需要提高。

再比如，当你练习一段时间乒乓球后，你想知道目前还有哪些技术需要提高。这时，如果你能找来乒乓球高手，当面和他切磋几下，对方就能根据你的表现，看出你的问题在哪里，并告诉你应该如何提高。

所以，当你不清楚自己的问题在哪里时，你就找到这个领域的高手，请对方帮你看一看，问题就能一下子找到了。毕竟，在高手眼中，你的问题无处遁形，就像明镜一样清晰。

（2）找学员

找高手，是从上往下看，利用对方的专业性来发现你的问题。反过来，还有另外一种方式，就是找到学员，让学员来帮你找到你的问题。

你可能会说，学员怎么找到我的问题呢？他的水平还不如我呢。

其实，这里需要使用的方法就是"教学"，你用你学的知识来教对方。还是拿写作举例，如果你想判断自己的写作水平如何，自己的写作中存在哪些问题，就可以找一个学员，一个写作水平还不如你的人，来教他写作。

你需要注意如下三个地方，这三个地方很有可能就是你的薄弱环节。

第一，你觉得自己讲不清楚、讲不明白的地方。毫无疑问，一件事你讲不清楚讲不明白，大概率是你自己还没有学透。

第二，对方听不明白的地方。如果对方听不明白，也很有可能是你自己还没有学明白。因此，你讲的内容，对方不能理解。当然，这也有可能是对方的理解能力有问题。不过，对方听不明白的地方，大概率是你没有学明白的地方。

第三，你讲不明白，对方也听不明白的地方。这就无须多言了，这肯定是你没有学明白的地方。

在这一部分，我们整体讲了该如何找到自

己的问题。在下一部分，我们就来具体讲述该如何把找到的这些问题真正解决掉，彻底地学懂学透。

第三节

真正拿下：做到这三点，能彻底学懂一切

　　当我们已经知道自己哪里没有学明白学透后，接下来我们要做的事，就是把不懂的地方彻底学懂学透，我们要开始具体的行动了。按照如下三点去做，任何你学习中的难点，任何你没有学明白的东西，都能彻底搞懂。

一、关键开始：72 小时之内，从能开始的地方开始

　　陈小建（化名）是一名清华学子。高中时，

他和很多理科男生一样，语文成绩是短板，虽然总成绩能在班上排到前十名，但是从来没有进入前五。这个成绩，在重点中学的重点班，考上985大学是没问题的，但是要想考上清华北大，还是有难度的。

虽然他心里一直有一个清华梦，但是因为语文成绩，他一直觉得自己没有可能了。小建的爸爸从事教育工作，他深知儿子内心的清华梦，在高考前的1个月，就和小建进行了一次"怎么考上清华"的深度谈话。这次谈话，小建和爸爸共同明确了一个行动计划，最后30天小建需要专攻语文，把语文成绩提上去。而其他科目，因为已经掌握得足够好了，练练习题保持手感即可。

对于专攻语文这件事，小建一开始是不知所措的，整个人也是处于焦躁的状态。因为他的语文成绩平时也就是90分左右，要想考上清华北大，语文成绩需要保持在120分左右，也就是说，他需要在30天内将语文成绩提高差不多30分。

小建虽然想提高自己的语文成绩，但有点不知道如何下手，心里也是一团乱麻。

在小建与爸爸深度谈话后的第三天，爸爸问小建是否开始了行动，小建表示没有，因为实在不知道从哪里下手。于是，小建的爸爸和小建说，从你能做的地方开始，任何你能做的地方都可以，因为，从哪里开始不重要，而开始本身最重要。

小建其实也不知道怎么做，但是没有办法，他就拿出了自己学理科的方法：对着标准答案，分析错题。毕竟，这好像是他目前唯一能做的，且是他非常熟悉的学习方法。

小建理科成绩好，几乎每科都能接近满分，他就是一直在用这种方法学习。每次考试完，他都会找出自己的错题，对着标准答案，认真分析，看自己是哪里出了问题。他一直在认真研究理科科目的参考答案，也非常注重答题步骤、答题规范，加上勤奋练习，久而久之，他的理科大题基本能做到不扣分。

小建按照这种方法找出自己最近几次语文考试的试卷，找出错题，一个个地对着标准答案去看，看看和标准答案有什么区别。接着，他模仿标准答案来写自己的答案，直到写得和标准答案接近一致。很快他就发现，在他眼中非常难做的语文主观题，原来也就那么多题型，而且每个题型，都有固定的答题思路。为了证明自己的这个发现，他又问了自己的语文老师，得到了确定的回答。同时，他也找出最近几年的语文高考真题和参考答案进行对照，发现果真如此。

　　小建突然有一种开窍的感觉。接着，他又去向语文老师请教作文的写作技巧，语文老师也很热情地单独对他辅导，教了他几种常用的作文结构，并给他进行了详细讲解。接下来，小建就去做写作的专项练习。

　　主观题部分搞定后，小建要拿下的就是语文的选择题部分。分析过试卷后，小建发现，选择题考的基本是固定的题型，就连在试卷中出现的顺序都差不多。有了攻克主观题的经验，小建更有信心了，经过一定时间的练习，客观题的准确率也大增。

这个过程，小建只花了差不多两周时间。而且，整个过程中，小建并没有刻意逼着自己去学，是很自然地去解决一个又一个问题。最终，通过一个月时间对语文的专攻，小建的高考语文成绩达到了124分，考上了自己梦寐以求的清华大学。

给大家分享小建的故事，不是为了告诉大家，怎样快速提高语文成绩，而是想告诉大家，在"关键开始"阶段，只要把握以下三个要点，你就能做到真正有效的开始。

1. 从哪里开始不重要，开始本身才重要

在小建的例子中，你会发现，他在开始改变之前，并没有一个清晰的行动计划，而是主动去做。在做的过程中，发现解决问题的办法，按照科学的方式去练习，后来也取得了很好的成果。

良好的开始是成功的一半，因为"勇于开始，才有机会成功"。对于太难的事情，对于那些没有学懂学透的知识版块，我们有天然的恐惧心理，这时候我们应该调整好心态，抛开恐惧心理，要么拥有钝感力，要么无条件自信。

所以，"破除心魔"是真正拿下学习难点的关键一步。只要不再害怕它，开始你的第一步，当真正学起来，那些你没有搞懂的知识和问题，就已经解决一半了。当你开始做出改变后，就会遇到问题；遇到问题，你就要去解决问题；当你解决了足够多的问题后，会发现你的成绩已经提高了很多。曾经不懂的知识，也都在这个过程中搞懂了、学会了。

2. 72 小时之内必须行动，否则可能永远不会开始

理财畅销书《小狗钱钱》一书中，讲到了做事的"72 小时法则"。书中说："当你决定做一

件事情的时候，你必须在 72 小时之内真正开始行动，否则你很可能永远不会再做了。"

几乎每个人都有拖延症，尤其是对原来没有做到、自认为困难的事，更是迟迟不愿意开始。这是人之常情。当你要开始深度消化不懂的知识时，你可能难以避免地会陷入拖延，迟迟行动不起来。

如果你没有在第一时间开始，那么根据"72 小时法则"，你必须要在 72 小时之内真正开始行动。上文案例中的小建，在第三天时还没有开始行动，如果再拖下去，他极有可能不会去做这件事了。不过，很巧的是，他的爸爸在这时及时问他的执行情况，及时要求他马上开始行动，所以，小建在第三天，也就是在 72 小时之内，真的开始行动了。

3. 把已知应用到未知，这样开始最容易

虽然从哪里开始都可以，但我们还是要面对

一个问题：到底该从哪里开始。

我们再来看看小建的案例，看看他是从哪里开始的。小建最开始做的是把他学习理科的方法用到学习语文上。也就是说，他是在将已知的方法应用到未知的事物上。

这是一种能够让我们立即行动的非常有效的方法。

学习的过程，实际上就是在用已知的知识去理解新知识。当新知识理解之后，又会变成我们已知的知识。我们又可以利用新的已知的知识去理解更新的知识，如此循环向前。

当我们在完成一项学习任务时，已经通过自查的方法，找到了其中我们没能完全学懂，也没有彻底理解的部分。这时，我们就可以利用我们已经学明白的部分，来理解没有完全学懂的部分，最终将所有知识都搞懂。

举个例子，比如你的学习任务是学做PPT，你发现，你做出来的PPT版式非常不好看。如何去改善它呢？你忽然想起来，自己海报做得不错，做海报也是一个视觉呈现的过程，和 PPT 的本质是相通的。那么，你就可以把自己做海报的经验用到做 PPT 上来。当你这样做的时候，就是在用已知的知识去理解新知识。这时你就会发现，原来 PPT 的版式设计也没有那么难。

任何事物的学习都是相通的，当你自查出没有学明白的部分时，你就可以问自己，这部分知识和自己已经掌握的哪些知识有关，是否可以用到这部分知识的学习上。太阳底下没有新鲜事，万事万物都是有联系的，而且很多事物的底层逻辑是相通的，当你用已知的知识去理解新知识时，你就能很快找到突破口，后面的事情，就变得简单了。

二、攻克难点：深度专注，一次攻一个

当你将难懂的知识点自查出来后，接下来就需要"攻克难点"了。既然是难点，一定是超出

了你"正常学习"就能学会的范围。到底应该怎么做，才能完成超出自己的能力范围的事呢？

我举一个发生在我身上的真实例子。

我上学的时候，是比较认真听课的，上课跟着老师听讲，回家后完成老师布置的作业，做完作业，我会出去玩，或者在家里看电视。到考试前，我也会认真复习。具体而言，就是把书从头翻到尾。考试结束后，发现自己做错的题，会认真听老师讲解，直到把题目都弄明白。

学习、做作业、考试，这就是我学习的一个完整过程，循环往复，直到我考上大学。进入大学后，考试变得不再那么重要，期末考试也只是在考前复习一下，大部分时间都在忙一些与学习无关的事情。

你是否也和我一样呢？一切学习都是按部就班，按照老师的节奏，被动向前，从来没有主动思考过，自己哪里没有学明白，自己到底想学哪方面的知识。

其实，这是一种很典型的"被动学习"。这样的学习效果是很难保证的，能学成什么样，取决于老师的教课水平和你的吸收能力。这样的学习，并没有发挥出你的全部潜能，你在这样的情况下学会的东西，并不代表你的全部实力。你没有学会的，也就是你自查出来的所谓的"难点"，并不是你真正的难点。如果你主动去学，你能学到的东西要远远超过这些。那些曾经的难点，在你看来，也就不算什么了。

那么，怎样变"被动学习"为"主动学习"呢？你需要把握以下三个要点。

1. 要主动探索，而不是被动接受

这一点非常好理解。被动接受的学习，是没有明确目标的，即使有也是老师的教学目标，而不是你自己的目标。被动接受的学习节奏、学习思路、学习内容等不一定是你真正想要的。

深度专注的学习，是你要非常明确学习的目

的是什么。有了明确的学习目的，你就不再是跟着老师的节奏走了，而是会主动探索，去想各种各样的办法，来达成这个目的。

或许你还没有尝试过这种方法，但当你真的这样去做的时候，学习效果是非常惊人的。比如，我有一个看书的习惯，就是带着目的去读书。当我写这本书的时候，我需要了解更多有关"如何学习"的知识。所以，我就集中买了几本学习类的书，然后带着自己的目的集中看完，高效获益。

同理，当你主动地想要学懂学透某个难点时，你的学习效果就会超乎你的想象，到最后你会发现，原来这个难点也不过如此。

2.沉下心来，排除一切干扰

如果你在工作时需要写一个方案或者写一篇文章，在办公室里待着，你很难写出来。

为什么呢？因为你在工作时有很多干扰项。比如，你刚开始写，你的同事过来找你说事情；

和这个同事聊完，你继续坐下来写，好不容易进入状态，你的领导又来问你某个方案写得怎么样了。你的写作过程就这样被一次又一次地打断，试问你怎么能沉下心来呢？

我有一个创业者朋友，他有一个特别的习惯，喜欢在酒店的房间里工作，他觉得在酒店的房间里工作效率最高。他说，在酒店的房间里工作，自己不用想任何事情，大部分的事情都有酒店的工作人员来搞定，自己只需要专注工作就可以了。所以，每次他有比较重要的工作，而且需要长时间来处理，他就会在酒店里开个房间，高效完成这份工作。

如果你想进入深度学习，那么你就要学会排除一切干扰。有很多人说，学习的时候会忍不住玩手机。如果是这样，我建议你把手机放在另外一个房间，放在自己拿不到的地方。我在写作的时候就是这样，我的手机被放在客厅里，而我自己则在书房写作。

雨果奖得主郝景芳有一个写作习惯，是在每天早上写作。她会每天早早起床，这时候，孩子还没有睡醒，没有人打扰她，她就会利用这个时间写作几小时。她的很多作品，都是在这个时间写出来的。

每个人在学习时的干扰源是不一样的。你要学会主动屏蔽这些干扰源。具体而言，我认为有"物理隔绝和琐事隔绝"这两种方法。

物理隔绝：就是在时间和空间上与干扰源隔开。比如上文提到的那个喜欢在酒店的房间里工作的朋友，采用的就是空间隔绝；作家郝景芳采用的就是时间隔绝。

琐事隔绝：这是被很多人忽略的，这里我专门提出来。当你要深度专注学习时，那些影响你精力的但又必须要做的琐事，要么让别人帮你做，要么你就干脆不管，比如你担心手机干扰你，干脆把手机放得离你远远的。

当你做到了物理隔绝和琐事隔绝后，即使你

原本不是一个专注力很强的人，也能很快进入状态，做到专注学习。

3. 集中发力，一次解决一个问题

清华的刘丁（化名）是一名理科生，一直以来，语文和英语都是他的弱项，也是他非常渴望提分的两个科目。在进入高三前的那个暑假，他计划把这两门课的成绩提上来。

和其他同学不一样，他没有同时上这两门课。他采用的办法是，暑假的第一个月专门补语文，第二个月专门补英语。第一个月，他每天上午跟着老师上语文课，下午则根据上午学的内容，集中练习和拓展。通过这一个月的学习，他对高考语文中的几个大的题型都做了集中学习和训练。第二个月，也是同样的方法，他专门用来提升英语科目，上个月专攻的语文，他只是每天抽出一点时间做一些复习，避免忘掉上一个月掌握的东西。暑假结束，高三开学的第一次月考，他的语文考了120多分，英

语考了 140 多分，已经达到拔尖的水平。

像刘丁同学这样，一段时间集中攻克一个难点，等拿下一个难点后，再去攻克下一个难点，能产生比较好的学习效果。因为当你专注去攻克一个问题时，你能学得深，想得多，学得透。这就跟运动员的专项训练一样，他们在做力量、耐力等专项训练时，都是在集中精力攻克某个难题。

集中精力不分心，在一段时间内就干一件事，短时间达成一个结果，这样要比平均使劲好很多。

可能有人会说，集中精力学一个东西，那其他已经学过的东西是不是会忘记或者变生疏？的确，知识会遗忘，学得的技能也会生疏。但更多的情况是，很多知识一旦学懂了就不会在短时间内遗忘，即使一段时间没有接触，再捡起来也是很快的，毕竟自己的功底和水平已经具备了。相反，如果不集中精力去攻克一个问题，这些问题将永远是你的问题。

三、借助外力：让外援发挥真正作用

如果你运用上面的方法，还是没有真正学懂要学的知识，也不要紧。毕竟，不是每个人都是自学天才，也不是任何知识都可以通过自学来学懂学透。这时，你需要做的事，就是借助外力，求助外援了。

在这一部分，我们就专门来讲，该如何更好地借助外力，起到事半功倍的效果。

1. 何时需要借助外力

事实证明，考上清华北大的学霸中，大概有90%的人上过"辅导班"，只不过是打引号的辅导班。考上清华北大的学生，绝大多数都是来自知名中学的实验班，有些学校会称为"清北班""火箭班""尖子班"。这些学校会把成绩拔尖的学生放在一个班里，进行与普通班不一样的教学。从某种意义上说，这种班实际上也是学校给他们开的"辅导班"，也就是我们所说的"外力"。

既然考上清华北大的学霸，在学习时都需要借助外力，那对于我们多数人来说，学习自然也需要借助外力了。下面，我们就来具体讲述，何时应该借助外力。为了便于大家更好地理解，这一部分也会适当讲述面对不同的情况，该如何使用外力。

第一种情况，学习效果比较差，跟不上学习节奏。

如果你学习成绩比较差，跟不上班上的同学，上课也听不明白，自己的成绩已经完全落下了，那你就需要求助外援了。不管是求助老师，还是求助同学或者求助于额外的网课，哪种方法不重要，重要的是你要这样去做。

求助合适的外援，找到对你有用的外力，在外力的引导和作用下，有针对性地学习，这样提升会更快。

第二种情况，你很努力学习，但一直没有突破。

你有没有遇到过这样的情况，就是不管你怎么努力，你的成绩就是无法提高，你的学习一直没有任何进展。这种情况，通常是你遇到瓶颈了。

为什么会出现这种情况呢？这有两种可能。

一种可能是，你当下的学习方式已经不适合你眼下正在学习的东西了。也就是说，你的方法很可能只适用于原来的学习内容，而现在的内容，因为难度提高，或者性质改变，需要使用新的学习方式，自然就会一直没有突破。

另一种可能是，你的学习能力、认知能力已经到了极限，新的知识已经超过了你的能力和认知范围。

不管你属于哪种情况，本质上来说，都是现在的你搞不定新的东西了。这时，你需要借助外力——高手或者老师。

特别注意一点，遇到瓶颈时，你所借助的外力并不一定要教你很多东西，有可能只是帮你找到你的问题，给你针对性的学习计划。或许，有时候只需要外力给你点拨一下，你就开窍了。再辅以努力，你就能突破瓶颈，把成绩提上来。这个过程，更像是学习咨询。所以，你要找的外力，一定是那些能力很强的老师，能一下看懂你，看透本质，剥茧抽丝，找到你的问题所在，给你对应的解决方法。

第三种情况，考前突击提分，科学做到"临时抱佛脚"。

这种情况就非常好理解了，想考前突击提分，借助外力自然是很好的方式。

市面上有很多辅导班、培训班，都是为参加某种考试的人快速提分而设计的。比如，考研冲刺班、英语四六级冲刺班、注册会计师冲刺班等。参加这一类辅导班、培训班的目的就是考前快速提分。

我们必须承认一点，只要是标准的考试，就一定有相应的考试规则。既然有规则，就一定有迹可循，也就有快速科学提分的方法。

如果你自己没有时间准备考试，或者到了考

试前，成绩还是不理想，那么参加这种考前突击提分的辅导班就是一种非常好的选择。

在这类型的冲刺班上，你一定能够在短时间内学到快速提分的方法。

需要特别说明一点，当你上了这类辅导班之后，你要做的事情就是，跟着辅导班的老师，用科学的方法"临时抱佛脚"，而不是把一切学得完全明白。很显然，在短时间内，把一切都学明白是不太可能的。你真正要学的，就是如何拿到高分。

总结一下，如果你想考前突击提分，去找这类冲刺班来上，一定能事半功倍。

第四种情况，想要学习效果超出常人，需要加强度。

前面讲到，多数考上清华北大的学生都上了学校内部给尖子生开的特殊"辅导班"。这主要是因为学生的水平确实是有高有低的。同样的内容，成绩好的同学会觉得很简单，而成绩不好的同学会觉得非常难。

开设实验班的目的，其实是差异化教学，因材施教。而且，学校的教学也确实需要照顾到多数的同学，课堂上通常会讲得比较基础，拔高类的知识以及题目讲得比较少。因此，如果学生想在高考中考上一所顶级的大学，就需要在学校的实验班"深造"。如果你恰好没有在实验班，那就需要借助外力了，要么自己请家教，要么自己找老师等等。很显然，仅仅只靠课堂上学的东西，是远远不够的。

如果你想让自己的学习效果更好，使用大家都在使用的学习方法和学习教材，很显然是无法做到的。你需要借助更好的外力，进行更有难度的学习。举例来说，如果你想在英语四级考试中考出一个高分，那么你只背四级要求的单词，只练习四级的题目，是很难脱颖而出的。你可以按照英语六级的标准来进行准备，你去背英语六级的单词，做英语六级的题目，参加英语六级的高分培训班。当你做完这些，你的英语水平已经是六级了，再去参加英语四级的考试，就能超过多数人。

这种学习方法也是"升维再降维"学习法。具体而言，就是在学习的过程中，人为地提高难度，按照比学习本身要求更高的标准来要求自己。很显然，这是一件难度不小的事，如果能借助外力，你可以走得更顺一些。

2. 选外援的两个步骤

既然借助外力很重要，那该如何选择合适的外援呢？主要把握两个原则。

第一，明确借用外力的目的。

不管做什么事，你的目的越明确，你的执行就会越精准。

毫无疑问，学习也是一样。你首先需要明确自己借助外力的目的是什么，是快速提分，还是夯实基础；是希望提高效率，还是希望突破瓶颈。不管是什么目的，你一定要明确。

可能你会说，我有好几个目的，我既想提分，又想提高效率，还想学得轻松。没关系，希望"一举多得"是人之常情，也是合情合理的。我的建议是，你要给这些目的进行排序，哪个是第一目的，哪个是第二目的，哪个是第三目的。

为什么要排序呢？因为第一目的是核心目的，首先我们要保证第一目的的达成。也就是说，当第一目的和第二目的冲突时，那第二目的就要为第一目的让路。比如你的第一目的是提分，第二目的是提高效率。当下你的情况，很有可能是基础太差，如果想要提分，在最开始的时候，就是要扎扎实实补基础，这时"提高效率"这个目的就要为"提分"这个目的让路。

排序是非常重要的事，因为不同的目的，你寻找的外力以及具体需要使用的方法、设计的路径，很可能是完全不一样的。

逼着自己把目的想得越清楚，学习的效果就会越好。

第二，科学选到"对的外力"。

有了明确的目的，就要选好对的外力，这其实是一件非常有学问的事。

不妨看看优秀的小学老师和初高中老师的差别，你就会明白，不同类型的学习对老师的要求，很可能是完全不一样的。

优秀的小学老师是怎样教学的呢？

一个清华北大毕业的老师，虽然他对学习非常擅长，但是在教小学生这件事上，很可能远远不如一个普通师范院校毕业但有多年教学经验的小学老师。

为什么呢？因为小学生，还不是成年人。小学生的思维方式和成年人是不一样的，我们不能按照教成年人的方法去教小学生，而是要用小学生的思维去教他们。

因此，小学老师并不一定要将小学的知识掌握得多好，重要的是，要有很扎实的小学教学经验和功底，能够用小学生的思维方式来教小学生。

换句话说，就是要懂小学生是怎么想、怎么思考的，这样的老师才是优秀的小学老师。

但是，初高中老师的情况与小学老师就不一样了。一般来说，把知识学得明白、讲得明白更重要。因为初中生、高中生已经接近成年人的思维方式，作为老师，不需要完全按照学生的思维方式来进行讲述。所以，名校毕业的老师一般都不错。他们一定是自己把知识学得非常明白了，由他们来讲课，自然不会太差。

小学老师和初高中老师都有各自教学的优势。小学老师更懂学生的思维方式，优势是"懂教学"；而优秀的初高中老师，核心优势是"懂知识"。"懂教学"与"懂知识"，这是两种不同的能力。有些类型的教学更看重"懂教学"，而有些类型的教学更看重"懂知识"。

最优秀的老师和外援，一定是既"懂教学"又"懂知识"的，我们在选择外力时，如果能两者兼备是最好的，如果实在找不到，那就需要在这两者之间做选择了，看自己看重哪一方面。

举个例子，如果你要考研，却对专业课一筹莫展。这种情况，大家通常的办法就是直接去找已经考上这个专业的学长或学姐求经验。这位学长或学姐一定是"懂知识"的，但是不一定"懂教学"，或许能给你传授自己的经验，但是这些经验未必适合你。当然，你也有另外一种选择，那就是找做这个专业课考试培训的老师，他可能自己没有考过这个专业的研究生，但是他非常有教学经验，带出来的学生，在考研的考试中，都取得了非常好的成绩。

那这个时候，你到底选谁呢？其实我个人认为，要首先选"懂教学"的；实在找不到，那就选"懂知识"的。

为什么呢？因为大概率来讲，懂教学的人，也是懂知识的，毕竟自己都不懂，也没有办法教别人。反之，一个懂知识的人，未必懂教学，他可能自己明白，但是不能给你讲明白，不能把你教明白。

为什么要专门提这个问题？是因为在很多时候，你可能找不到能"教明白"的人，但是能找到"懂知识"的人。就比如上面考研的例子，很可能你找不到能教专业课的培训老师，但找到这个专业的学长或学姐是一件很容易的事情。

当你找到的学长或学姐给你讲他们的经验时，你要知道，这是他们的方法，你可能无法直接套用，需要做一些调整，你要时刻记得这个局限性。有可能的话，多请教几位考上了的学长或学姐，综合他们的方法，可能是一个不错的选择。

3. 用好外力的最大作用或许不是给你上课

你有没有考虑过一个问题，像 C 罗、梅西这样的著名足球运动员，他们是世界上顶级的球星了，也是这个世界上踢球最厉害的人。应该说，这个世界上也没有谁还能教他们踢球了。可为什么他们还是有自己的教练呢？并不是说这个教练比他们踢球厉害，而是因为这个教练能够给他们反馈，让他们能够根据反馈去提高自己。

你找的外力，比如说辅导班的老师，其实就像是你的教练。当然，当你水平不高、知识没有学会的时候，他还有一个很重要的作用，就是教会你，而当你会了后，他更多的是要给你反馈。

现在在线教育已经成为一种很重要的新形态，很多在线教育公司的网课，都是请各界名师给大家上课，课后还有辅导老师一对一的辅导。这个课后辅导老师的作用很大，如果你不用起来就太可惜了。

你上课学完了，肯定有不懂的地方，就算你全懂了，做题可能也做不出来。这时，你就要去问这个辅导老师，让他给你反馈，他告诉你哪里有问题或者教你怎么做。这样你的学习效果，就能得到保证。

你明白了吧，你找到的外力，除了教你知识，让你把知识弄明白外，还有另外一个非常重要的职责，就是在你学习的过程中，为你解答问题，给你的学习提供反馈，这样综合使用效果更好。

第四部分

多元输出: 四层输出, 把知识真正用起来

学习知识的目的，是为了应用。极简学习法的第三步，就是我们学习的最终目的：把知识用起来，也就是输出。只有这样，我们学的知识，才能真正发挥价值。具体而言，对知识进行输出有四种常见的方式，也对应四个层级，层级越高，要求越高。

第一层，表达型输出，即把所学的知识讲出来，讲给别人听。这是一种非常好的学习方法，是诺贝尔物理学奖获得者理查德·费曼独创的"费曼学习法"。在这一部分，我将给大家讲解费曼学习法的三种使用方式。

第二层，解题型输出，即利用学习过的知识把题做出来。利用知识解题，在练习过程中，通常就是我们讲的"刷题"，在这个部分，我将会给大家讲解怎么刷题效果最佳。

第三层，考试输出。我们的很多学习，可能都对应着考试。那如何在考试中科学答题，才能拿到高分呢？所以，"教你科学拿高分"将是这一部分的关键内容。

第四层，利用知识做事，即用所学的知识去解决现实世界中的问题，将知识真正用起来，这是我们学习的终极目的。这其实是一个复杂的问题，不过，在极简学习法中，我会给你一个简单的"三次原则"，让你很快把所学的新知识应用起来。

古话说，熟能生巧！在输出过程中，我们需要经常练习，才能真正把知识掌握并熟练运用起来。那到底如何刻意练习，才能真正做到熟练呢？很多时候，我们忘记了一个关键步骤，导致你的练习很可能是徒劳的。

知道了这部分的主要内容，那就马上接着往下看吧。

第一节

表达型输出，费曼学习法的三种应用

输出的第一个层级，就是表达，把学习的知识讲出来。

看到这里，可能你马上会说，这不就是"费曼学习法"吗？你说得没有错，费曼学习法就是专门来解决这个问题的。虽然你可能听说过费曼学习法，但为了让我们更好地理解和应用它，先来看看到底什么是费曼学习法。

理查德·费曼是美国加州理工学院物理学教授，1965 年诺贝尔物理学奖得主。费曼有一个爱好，就是把他研究的抽象的物理知识，深入浅出地讲给别人听。在这个过程中，他就总结出了这套学习方法，并被人命名为"费曼学习法"。

一句话概括费曼学习法就是，学习任何知识，如果你能用自己的简单的话，不带行话术语，说给一般人听，他们既能听懂，也能明白，那么就证明你把这个知识真正学懂了。

相信你应该明白了，费曼学习法的精髓，就是"讲给别人听"。在我们的实际使用中，有三种最常见的应用方式。

一、讲给别人听

有一个这样的故事，一个从来没有上过学的老农民，他的两个孩子都考上了顶级名校。记者问他，你的孩子能考上名校，有什么特别的教育方法吗？这位农民父亲很坦诚地说："也没有什么特别的方法，就是孩子每天放学回家后，我让他们把今天在学校学的东西讲一遍给我听。"而且，这位父亲还会看孩子的课本，如果有不懂的地方，就让孩子讲给自己听；如果孩子也讲不懂，就让孩子去学校问老师。

其实，这个没有上过学的农民老父亲在不经意间使用了费曼学习法。费曼学习法就是直接把自己学的东西，讲给别人听。

在使用时，我们要注意以下三点。

第一，你所讲解的对象本身不懂这个知识，或者理解得不透彻。

我接触的很多清北学霸都很喜欢给同学讲题。如果一道题，你能给别人讲明白，那说明你是真的理解了。反过来，你讲完后，别人听得一知半解，这就说明你还没有真的理解。

如果你所讲解的对象本身也是学霸，理解能力、做题能力等各方面都非常强，而且对这道题有很好的认知基础，哪怕别人讲得不是那么清晰明了，他也能靠自己的领悟力理解。那么，这种方式就不是真正的费曼学习法。

注意，我们所讲解的对象，一定是本身不懂这个知识的人，至少理解得不透彻。简单来说，如果我们把讲解的对象当作学生，那么我们就要找一个落后生，而不是找一个尖子生。因为如果是一个尖子生，你无法判断是自己讲得好，还是这个学生本来就很厉害。

第二，你所讲解的对象要给你反馈，以便你能通过其反馈对自己有准确判断。

只要你愿意去找听你讲解的对象，还是很容易找到的。比如你的家人、朋友、同学、同事，都是可以的。但你一定要找一个愿意和你沟通交流的对象。因为对方是否听懂了、理解了，你需要通过对方的反馈来做出判断。如果对方只是一个听你讲的被动人，你的输出就变成了单向的输出，对方没有反馈给你，你也难以准确判断自己讲解的效果。

在学校上学时，我们要参加不同阶段的考试，比如期末考、期中考、月考等。学校为什么要设置各种各样的考试呢？一个重要的作用是，老师可以通过考试来检测自己的教学效果。当然，考试对于学生而言，也是一种检测，可以检测自己学得怎么样，哪里有问题。

在给别人讲解的时候，要询问对方是否听懂了，这一点至关重要。如果没有听懂，也不要埋怨对方，认为是对方的理解力差。如果对方没有听懂，有一个原因可能是，你自己还没有完全学明白。

第三，根据反馈再去学习，并简化自己的表达。

如果对方没有听懂，或者你在讲解的时候总是卡壳，没有办法全部讲出来，说明你没有真正学明白，那就回去乖乖再学。这时，你需要找到原始的学习资料，并重新学习自己不清楚的那个部分，直到完全理解。怎样叫完全理解呢？简单说就是自己能把自己讲明白了。到了这一步，才说明真正掌握了这个概念。

不过，到这一步，你的任务还没有真正结束，你还需要看自己是否讲得足够简洁。因为要想讲得通俗易懂，就需要简化自己的表达。也就是说，你需要用自己的语言，而不是学习资料、课程中的语言来解释概念，用自己理解的话讲出来！

总之，如果老人小孩也能听懂你说的，那就说明你的语言足够简洁明了了。

二、讲给自己听

如果你没有可以讲述的对象，而且因为学的知识很多，每一个知识点都讲给别人听，有时候也有点不太符合现实。

那么，费曼学习法还有一个更简便的方式，就是"讲给自己听"。

具体而言，你可以这样做。

第一， 自言自语，自问自答。

合上学习的书本，自己讲出来。你需要看自己在讲述时，是否有卡壳不熟练的地方，是否有自己都觉得讲不明白的地方，如果有，那肯定是没有学明白。那就需要你自己回去再学习了，直到自己能把自己讲明白。

第二， 先自己讲，再自己听。

你可以在讲述时，用手机或者其他录音设备把自己讲的东西录下来。录完后，再去听自己讲述的内容，自己给自己当裁判，如果都能理解，而且也没有哪里听得别扭，那就是讲明白了。当然，如果不能，那就是没有学明白。

为了有更好的效果，你可以在录完音后的第二天或者过几天再去听。一方面是当作复习了，另一方面过了一段时间后，你学的知识变得有些生疏了。在这样的情况下，如果你还能听懂，那就说明是真的学明白，也讲明白了。

三、写给自己看

你有没有这样的感受，就是你能把一件事情讲明白，但是让你写出来，却发现有些不知所措。

说出来因为是直接进行语言表述，有一些不太科学、不太符合逻辑的地方，并不会那么明显。从某种程度上来说，口头表达要简单容易一些，或者说严谨程度不如书面表达那么高。

一个很容易证明的例子就是，每个人都能说话，但不是每个人都能写文章。足可见，写出来是更难的一件事。因为写出来，需要思考得更加清楚明白，否则想写出来是很难的。

因此，费曼学习法的更高级别方式就是，把自己学到的知识写出来，如果你能轻松地写出来，那就是学明白了。在我们学习时经常会用到这种方式。比如，当你看完一本书，你可以写读后感、做这本书的思维导图，这都是非常好的应用方式。

　　当然，你也可以把读完的书讲给别人听，但你会发现，你好像并不太能讲明白。如果你静下心来，通过再次翻阅这本书，把这本书的主要内容写出来，哪怕只是把结构画出来，在这个过程中，相当于你对书的内容进行了再一次的理解。接着，你可以对着你写的主要内容和结构，再讲给别人听，这时你就能讲得更清楚明白了。

　　当然，你也可以给别人看你写出来的东西，看别人是不是真的可以明白，这也是一种很好的检测方式。

第二节

解题型输出，如何刷题效果最佳

解题型输出，是一种很常见的输出方式。尤其是在学生阶段，在考试中运用所学的知识把题目解出来，就是一个非常重要的学习目的。通过做题进行练习，对于学生来说是一种非常重要的学习方式。

那到底怎么刷题效果最佳呢？关于这个问题，我与很多清华北大的学霸以及老师深度沟通过。在这一部分，我就专门为大家讲述这个问题，让大家真正明白刷题的根本目的是什么，也让大家知道如何科学高效地刷题。

一、有效刷题，是不断突破舒适区的过程

突破舒适区是让一个人快速成长的好方法。如果你想通过刷题提高自己的水平，也需要把握这个原则。

刷题，首先面对的第一个问题是：刷什么题？

先说两种非常不好但又非常常见的刷题习惯。

第一种习惯是只刷自己会的题。我们刷题，不是给自己找信心，而是要提高成绩，如果一直刷自己会的题，成绩永远得不到提高。

第二种习惯是专刷难题。这种情况更为常见，很多同学认为刷难题提高快，这也是非常不对的。因为太难的题目，不知道怎么下手，一直做不出来会给你带来极强的挫败感。

那到底刷什么题呢？刷题的过程，其实就是不断突破自己舒适区的过程，你要刷的题，一定是超出自己舒适区的题，但又不能超出舒适区太多，超出太多就会太难，你完全做不出来也没有意义。

所以，你刷的题应该是稍微超出自己能力边界的题目，这样的题目，你可以通过自己的努力，想各种办法把它做出来。在这个过程中，你做出了原来做不出来的题目，这样才能获得提高。当你能做出这种题目后，需要接着去刷难度稍高一点的题目，直到这类型的题目，你能做到完全掌握。这时，你再去突破舒适区，重复这样的过程，这样你的能力就一点点变强了。

所以，总结下来就是，你要在自己的能力边界外持续试探，一点点提高自己。永远去刷自己"跳起来能够到"、经过努力能做出来的题目，逼着自己去提高。

二、专题刷题，一劳永逸的刷题法

1. 为什么要专题刷题？为什么能一劳永逸？

从应试的角度而言，很多学科的考试题目都是分不同版块的，或者是分不同题型的。为了更有针对性地刷题，尤其是保证拿下某一知识版块的题目或者某一类型的题目，你就可以采用专题刷题的方式，这是一种一劳永逸的刷题方法。

比如，如果你需要拿下物理力学和运动学结合的题目，你可以专门找一周的时间，每天抽两个小时刷这一类型的题目。这就叫"专题刷题"。

清华大学毕业的黄冰（化名）在高中时的语文成绩一直不是太好，因为文言文阅读总是失分很多。高三下学期，他决定把语文成绩提上来。于是，他就去求助自己的语文老师，请教该如何把文言文阅读的得分提高。老师给他找来了最近五年的文言文阅读真题，以及十套质量很高的语文模拟卷中的文言文阅读题，让他连续半个月的时间，每天做一篇文言文阅读，而且做完后，要对着标准答案去分析自己的问题，是看不懂，还是答得不好。如果遇到自己无法解决的问题，可以随时来问他。

黄冰照做了。刚开始的时候，黄冰基本上只

能做对一半的题目，拿到一半的分数，经过几天练习后，他基本上可以拿到满分的成绩了。在这个过程中，他找到了自己在文言文阅读中存在的问题，找出了自己记忆不牢固的字词句，并坚持背诵，确保自己今后在做这类型的题目时，都能做对。黄冰还研究了文言文阅读的几种常见的考题方式，并对照参考答案，总结了每种考题的答题模板，并在自己答题的过程中，不断使用这些答题模板。

当然，在这个过程中，他遇到问题时，也会及时问自己的同学和语文老师。这样，经过15天的专题刷题，黄冰就把文言文阅读这个版块攻克了。在高考时，他语文考到了130多分，最终如愿以偿考上了清华大学。

专题刷题，其核心做法就是，集中一段时间攻克某一类题型或者某一类知识板块的题目。在刷题的过程中，你需要深度总结和研究这类题目，就相当于一段时间内，你脑袋里面都在想这一件事，刷题的效果肯定更佳。

专题刷题，特别适合你用来攻克自己的薄弱版块。特别需要提醒的是，因为要攻克的是你自己的薄弱环节，所以你需要拿出自己最有效率的时间段来做这件事，这样效果更有保障。

需要说明的是，专题刷题是一劳永逸的。就像案例中的黄冰，当他彻底搞懂了文言文阅读的题目后，就不用再为此焦虑了，因为他已经将这块内容完全掌握了，无论怎么考都能拿高分。知识和能力，在你习得的那一刻就永远属于你了。

2. 专题刷题，把握黄金四步

专题刷题，推荐你按照如下四个步骤进行，做到事半功倍。

第一步，回顾知识。

专题刷题，对应的是相应的知识板块。根据

本书所讲的极简三步学习法，你需要对知识进行深度消化后，再去输出。因此，在进行专题刷题前，你需要把相应的知识做复习回顾。如果之前没有理解，还需要再次进行深度消化，确保这部分知识真正被你理解了。

只有这样，才能保证在专题刷题时，不会因为知识理解不了的问题，做不出来。因为专题刷题，就是用已知的知识去做对应这种知识的题目，是锻炼你对知识的应用能力，如果你对知识本身不理解，就不能起到刷题的效果。

总结一句话，就是先把知识搞懂了再开始专题刷题，而不是一知半解时就开始。

第二步，第一次刷题。

当知识理解后，你就可以进入刷题环节了。这一次刷题，核心目的就是根据已知的知识直接去解题。

你可能会遇到两种情况：

第一种是，你能够根据已知的知识把题目做出来，可能不太熟练，但还是能做出来。

第二种是，你虽然理解了知识，但是因为并没有经过太多的应用，或者对知识掌握不太熟练，有些题目做不出来，或者只能做出来部分。

这两种都属于正常情况。若是第一种，那这一步就完成了。如果是第二种，那就需要根据你不会的题目，再重新去巩固知识。当然，你也可以通过做题的过程去理解知识。这相当于你又回到第一步，把知识真正弄懂。

第三步，总结规律。

进行专题刷题，有一个重要目的就是找到这类题目中通用的解题方法、解题思路。有了这些方法，你就拿到了解答这类题目的万能钥匙，就能确保之后再遇到这类题目时，你都能做出来，真正做到一通百通。

在第二步中，你虽然能把题目做出来，但是

你并没有特别地去考虑自己用过什么解题方法和解题思路。在这一步，你就需要跳出来，去总结这些题目都有什么规律和通用的方法。虽然考试的题目不是一样的，但考点和解题思路是相通的。

所以，你需要把这种通用的规律和方法总结出来，总结出这些规律，你就找到了做出这类题目的万能钥匙。

第四步，第二次刷题。

专题刷题的最终目的，就是把这一类型的题目完全拿下来，以后再遇到这类题目时能够游刃有余。

在第三步，我们已经总结出了做此类题目的方法和规律，那这一步，我们就需要熟练地应用这些方法和规律。

这时，我们需要进行第二次刷题。通过刷题，让我们更加熟悉这些方法和规律，做到了如指掌，烂熟于心，保证自己再遇到这类题目时能快速做出来。

当你能真正做到这一点，专题刷题就完成了，你也能完全拿下各种类型的题目。

第三节

考试输出，如何科学抢分

对于应试学习，学习的直接目的是把考试的题目做出来。在考场上，把考题做出来拿下高分，就是一种非常常见的输出方式。

在这一部分，我们就专门来讲，到底该如何在考试中科学抢分，如何做出更多的题目，考出更高的分数。

虽然每种考试都有其特性，但既然都是考试，肯定存在共性。所以，在这一部分，我将教你在任何考试中都能拿下高分的通用大招。

一、考试中一个有趣的三角关系

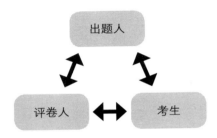

　　在一次考试中，你和出题人、评卷人之间是一种很有意思的三角关系。你根据出题人出的题目来写下自己的答案；评卷人根据你写的答案给你评分；评卷人也会通过对你的答题情况的评判，对出题人给予反馈。

　　在这个三角关系中，因为出题人和评卷人都是一个考试体系里面的工作人员，虽然他们不一定能见面，但他们有共同的组织者，也有共同的考试标准。作为考生的你，夹在中间，要想拿下高分，你就得照顾好两方面。一方面你要根据出题人出的题目，把题目做出来；另一方面你要把握评卷人的评分标准，做出好的解答，尽最大可能地拿到高分。

所以，想要拿到高分你需要做到两点：第一，拥有出题人思维；第二，有很强的得分技巧。

二、拥有出题人思维是在考试中得高分的前提

要想拿到高分，你要做的第一件事就是：把握出题人思维，这是得分的前提。

1. 什么是出题人思维

要了解出题人思维，我们先来了解一下出题人的工作。

顾名思义，出题人，就是出考试题目的人。你是不是觉得他们的权力很大，出的题目能决定你的命运？真相并非如此，出题人是"戴着镣铐

跳舞的人"，越是大型的考试，要求越规范，且有严格的出题标准。出题人必须严格按照这些标准来出题，并没有太多可以自己发挥的空间。

我们用高考举例，看看高考的出题人是如何出高考题的。高考出题人，一般是由大学教授和高中老师组成，大家一起封闭工作，最终把题目出出来。当然，出出来的题目，一定是"以教材及考试大纲为准绳"。也就是说，考卷上的每一道题，一定要在考纲上有相应的考点。题意、描述、问题、解答，哪怕是字母顺序，都要能在教材中找到援引。举例来说，数学题目的每一个解题步骤，都必须能在课本中找到对应的出处，不能超出教材和考试大纲。当然，有时候高考题会规定可以有一定比例的超纲题目。

讲到这里大家应该明白了，考卷上的每一道题，一定是在考你的某个知识点，否则它是不会无缘无故地出现在考卷上的。

所以，如果你要想把这道题做出来，就必须

要明确，这道题到底是想考你什么。你在做题时是不是经常会有这样的感觉：你做一道选择题，有四个选项，你很容易判断出某两个是不对的，但剩余的两个就不知道怎么选了，感觉好像都对；你在做大题时，不管是数学大题，还是文科的材料分析题，你常常感到无从下手，无所适从。这时，你需要分析题目，把自己想象成出题人，分析这道题是在考什么。一旦你把这个点找到，你就有了清晰的解题思路，就能轻而易举地把题做出来。

所以，要有出题人思维，从本质上来说，就是"换位思考"，把自己想象成出题人，想象出题人出这道题目的时候是怎么想的，到底想考什么。

看到一个题目，每个人都有自己的第一思维认知。如果你的思维认知刚好和出题人一致，那很好，这个题目你能很顺利地做出来；如果不一致，你就很可能把题目做错。毕竟，你见不到出题人，也不可能去问出题人，这道题到底想考什么。你只能靠自己去分析，不放过题目的任何一个条件，任何一个字，尽量让自己的思维和出题人保持一致，这样你就能找到题目的突破口，把题目做出来。

2. 如何训练出题人思维

既然出题人思维那么重要，那如何让自己拥有出题人思维呢？

有两个简单好用的方法。

（1）研究真题：从真题中找规律

在前面我已经讲了，越是大型的考试，出的题目就越规范。而且，为了保证考题的科学性，每次考试，都会和上几次考试的题目保持一定的连续性和稳定性，一般不会出现特别大的调整。

所以，真题是非常重要的一个研究材料。我遇到过的清华北大的学生，几乎没有谁不强调真题的重要性。他们会去研究真题，在题目中找到规律，这让他们对高考的考点、题型等都非常熟悉。

也就是说，通过对真题的总结，他们具备了

很强的出题人思维，他们清楚地知道，高考出题人会出什么样的题目，每种题目到底想考什么，进而成为超强的"考试型选手"。

我熟悉的几个高中老师会明确要求自己的学生尽可能地研究真题，如果有学生拿着不是真题的题目来问他，他就会告诉学生不用在这些题目上深究，因为那些题目出得并不科学，也不严谨，研究这些题目，很大概率是费力不讨好的。

（2）养成习惯：多问自己这道题到底想考什么知识点

除了研究真题之外，在平时的做题、刷题中，我们还要养成一种习惯，就是不管做哪一道题，都要让自己去想这道题到底在考什么知识点。当然，你也可以做专门的练习，拿出一套一套真题，对着每道题问自己，这道题是在考什么知识点。

只要你经常这样做，你就能养成思考的习惯。日积月累，你就会慢慢具备"出题人思维"，今后见到任何题目，都会产生条件反射，知道这道题中出题人在考什么知识点。这样，在大型考试中，常规的题目完全难不倒你，而对于那些新题、难题，你也能通过分析判断出出题人的意图，找到解题的突破口。

可以说，养成"出题人思维"是科学拿高分的捷径，也是想拿高分的必由之路。

三、参考答案学习法：在考试中得高分的保障

在上一部分，我们讲的"出题人思维"，是为了保证我们能在考试时，与出题人之间形成良好的沟通，了解出题人的意图，进而知道如何做出这道题。

当你知道如何解这道题后，你需要把这道题的具体答案写出来，像填空题、选择题等客观题没有太多技巧，你直接选出正确的答案即可。但如果是主观题，就没有绝对的标准答案，你需要

根据自己的理解，在答卷上写下你的答案，评卷人会根据你写的答案，裁定给你多少分。这个过程，是你与评卷人的沟通过程。

那如何与评卷人做好沟通，让你写的答案更符合评卷人的口味，让其为你打出高分呢？我推荐大家使用"参考答案学习法"，这是一种简单而且效率极高的学习方法。

1. 为什么参考答案那么重要

一场考试，你的真实水平并不直接对应你最终的考试分数。真正决定你考试分数的，是你写在试卷上的答案。因为你最终的分数是由评卷人根据你写在考卷上的答案给出的分数决定的。所以，就算你平时学得再好，准备得再充分，如果你写在考卷上的答案不符合评卷老师的口味，那就得不到高分；反之，即使你平时学得没有那么好，但是你非常清楚评卷老师的喜好，你写的答案尽可能做到符合评卷老师的评分标准，你也能拿下高分。

既然最终的分数是由写下的答案说了算，那怎样才能让自己的答案更符合评卷老师的口味呢？

最好的学习工具就是"标准答案"了。为什么呢？因为标准答案是最符合评卷老师喜好的答案。

所以，如果想要在考试中得高分，你就需要通过练习，让自己的答案写得最接近标准答案。

你可能会好奇，到底该去哪里找标准答案呢？有这样两个最接近标准答案的参考答案。

第一，以往真题的标准答案。

如果你参加的是某些大型考试，比如每年一次的那种考试，这类考试已经举办过很多次了，以往每次考试真题的标准答案，就是你绝佳的学习资料。

比如高考，教育部考试中心每年都会公布标准答案。而且，市面上还有很多专门解析高考试题的书，里面不仅有标准答案，还有具体的试题分析、解题过程、对答案的具体分析，这些都是非常好的学习资料。

第二，高质量辅导资料和模拟题的参考答案。

除了以往真题的标准答案外，针对考试的辅导资料和模拟题的参考答案，也是非常不错的选择。虽然这些题目不是真题，但是很多高质量的辅导资料，其参考答案写得也非常好，和最终的标准答案已经非常接近了。所以，这也是非常好的参考答案学习资料。

2. 学习参考答案的三个关键和四个步骤

知道了参考答案如此重要，那具体该如何进行参考答案的学习法呢？需要把握三个关键和四个步骤。

（1）三个关键：答案结构、得分点、学科术语

首先，核心学习这"三个关键"：答案结构、

得分点、学科术语。

答案结构：就是答案的骨架，是把整个答案串联起来的结构，这是首先需要学习的。学会了"答案结构"，当你自己作答时，你就知道该如何组织自己的答案，这样你写出来的就是逻辑清晰、体系严密的，这样的答案一定可以拿高分。而且，当你严格按照标准答案的答案结构来写的时候，你也就避免了在考试时"想到哪里写到哪里"的无头绪状况。

得分点：考试基本都是踩点给分，而其中的点对应的就是"得分关键词"、关键步骤。也就是说，你的答案中，出现这些得分关键词、这些关键步骤，你就能得分；如果没有，即使你的答案写得再好，也不能得分。所以，哪些是得分点，自然也是学习的关键之处了。你可能会说，我怎么知道哪些是关键得分点。不用着急，很多参考答案中，会对得分点进行清晰的标注。

学科术语：你有没有感觉到，有些人写的答

案看上去显得很专业，"意思还是那个意思，怎么他说出来就更像那么回事？"反之，你写的答案给人感觉很不专业，显得很业余。

为什么会这样呢？这是因为高质量的答案往往会带有很多"学科术语"。比如经济类的答题，当你的答案中出现"边际效应""机会成本"等学科术语时，就显得很专业；再比如数学类的答题，当你的答案中出现关键公式、关键定理等学科术语时，就显得很科学、有逻辑。

所以，学科术语也是参考答案的学习关键，简单来说，你的答案要符合这个科目的特质，能让人产生你"很懂"的感觉。

那怎么学习这类学科术语呢？一方面，你可以专门找时间集中看某一科的参考答案，把"学科术语"集中挑出来，认真研究、理解并记忆，这样你的脑海中就一下子汇集了很多学科术语。另一方面，"学科术语"也是一个积累的过程，你可以拿一个小本子，专门用来积累学科术语，在平时考试或者做题时，也刻意去使用它们。这样日积月累，你的答案就会看上去越来越专业，越来越接近标准答案。

（2）四个步骤：答、看、修、答

知道了学习参考答案的三个关键后，接下来你就可以按照下面这"四个步骤"，更细致地模仿。

先自己答：先自己把答案写出来。

第一步，拿到题目，不要直接看参考答案，而是根据自己的理解直接作答。这一步是把自己目前的水平直接展示出来。

再对比看：再对比与标准答案的差别。

接着，你拿参考答案对比着看自己的答案写得如何，哪些地方和标准答案不一样。尤其要注意对比上一部分明确的"三个关键"。这一步的目的，是找出自己的问题。

对比修正：根据标准答案，修改自己的答案。

自己的问题找出来后，接着你就对着标准答案，逐项认真修正，直到改到一致为止。改完后，你要认真看标准答案和自己写的答案，确保自己下次做同类型的题目时能写下与标准答案一致的答案。

再自己答：再自己作答，直到与标准答案一致。

经历完以上三步，你最终写出了接近标准答案的答案，但这并不代表你就能得高分了，因为你是照着标准答案来写的，相当于是在"抄袭"。在考试时，如果不参考标准答案，你只靠自己不一定能写出来。

所以，接下来，你就应该收起标准答案，再对这道题进行作答，相当于自己再做一遍。写完答案，看自己是否已经做到了和标准答案一致。如果还不能，那就把这四个步骤重做一遍；如果能，那就代表你掌握了。

当然，我比较建议在你做完前三步后，间隔一两天后再进行这一步。因为人都容易遗忘，隔一两天后，如果你还能答出来，说明你真的已经理解了。如果马上就重复答一遍，可能有些地方没有真的理解，只是凭借当时的即时记忆，你写出来了，并不能说明你真的理解了。

在这四个步骤中，请一定要注意学习参考答案的三个关键点，因为这是得分的关键。

3. 总结答题模板，把高分拿稳

我们学习参考答案，最终的目的是希望在正式的考试中拿到高分。

对于理科的科目，基本上你做对了就能拿到高分；对于文科的科目，很多人会觉得得分很"玄学"，也就是说，最终的分数并不可控。具体能得多少分，大家会觉得要看当时的发挥，甚至要看自己当时的考试状态。

那如何把大家眼中不确定的答案变成确定的高分呢？这就需要我们进行"答题模板总结"。

我在这本书中很多次说过类似的观点，越是

大型的考试，要求越规范。因此，我们在学习参考答案的过程中，就需要进行答题模板的总结。

在学习参考答案时，我们要对经常出现的题型，进行答题模板的总结。这样你在真正的考试中，就可以按照这个模板直接进行答题，替换掉得分关键词即可。

下面是在语文考试中，经常会出现的诗歌鉴赏的主观题的例子。

举例：

这首诗歌，表达了作者怎样的思想情感（5分）

满分答案模板：

√ 作者通过对×××的描写（1分，引述诗歌中的内容）

√ 表达了×××的思想（2分，写出具体表达了什么思想）

√ 抒发了×××的情感（2分，写出抒发了具体的什么情感）

这道题在中考、高考中非常常见，虽然诗歌换了，但是题目的问法没有变。既然问法没有变，那么就有相对固定的答题模板了。

假设这道题的分值是 5 分，这道题的固定答题模板就是配图中给大家列出的三个部分，而且都对应具体的分值。

在作答时，如果你想又快又稳地拿下高分或者满分，最好是按照这样的结构来写。

第一部分：先引述诗歌中的具体内容。

第二部分：写出表达了什么思想。

第三部分：写出抒发了什么样的情感。

有了这个结构，你就像做填空题一样，在第一部分，把诗歌中有用的具体内容填进去；第二和第三部分，把什么思想、什么情感中的"什么"分别换成具体的关键词，这些关键词就是得分点。

大家可能会问，什么思想和什么情感，这是一个很主观也是一个很宽泛的概念，即使是同样的情感，也可以用不同的词语表达出来。比如表达了"悲伤"的情感，那也极有可能写成"哀伤、忧伤、伤感、不开心"等词语，这样会不会就不能得分了呢？

这个问题你不用担心。这个问题我与参加过多次高考阅卷的老师沟通过，具体的改卷过程是这样的。就是阅卷老师在正式阅卷前，会拿到一份标准答案，关于这种主观题会有明确的说明。

比如标准答案是表达了"悲伤"的情感，可以直接得2分，但如果写的是其他同义词，比如哀伤、忧伤、伤感，同样也可以得2分，这个答案是有明确的限定范围的。如果你的答案写出了类似的意思，但表述不够精准，比如写成了"不开心"，可能就只能得1分了。当然，如果你的答案没有写出悲伤的意思，而是写成了"悲观""悲喜"甚至是"开心"这种完全没有"悲伤"感觉的词语，那就不能得分。

另外，每个阅卷老师基本只能看同一道题，所以当这位老师看的全是这道题时，他的判断也基本可以做到精准。更何况，每一份答案都会由两个老师进行阅卷，如果分值在一定的分差内，就直接取平均分；如果差值超过标准，就引入第三人判卷；如果差值还是过大，就会提交给阅卷组进行集体评定。所以，有这样严格的阅卷流程，大家也就不用担心写了正确答案或者与正确答案意思接近的词得不了分。

可能还会有人问，该怎么保证自己能写对关键词或者与关键词意思相近的词呢？毕竟，主观题都很宽泛，没有明确的答案，大家都说"语文考的就是星辰大海"。

其实，只要你稍微仔细分析一下，就会发现现实情况并非如此。比如，还是以这道诗歌鉴赏题为例。虽然这道题问的是抒发了什么样的情感这样的问题，看似没有确切的答案，但可以确定的是，人的常见情感比如"喜、怒、忧、思、悲、恐、惊"是确定的。所以，当你写答案时，你只需要在这七种情感中做选择即可。当你根据诗歌的内容，从这七种情感中挑出一种，是很容易的。就算你有两种情感无法确定，你也可以把这两种都写进去，也能得分。

越是大型的考试，规则就越规范，你就越容易按照答题模板来作答。只要你针对题型去总结，就会发现，答案是有一定的确定性的，并不是那么宽泛。

我和一个北大女生有过这样一段对话：

我：你高考之前在想什么？

她：我就想着赶紧考吧，那些题目都会了。天天复习，也没啥可以复习了，就想赶紧考完就解放了。

我：那你在高考考场上是什么感觉呢？

她：我就感觉每道题我好像都做过，也没遇到什么特别的题目，就一道题一道题地做完了。

这个女生来自一所非常厉害的中学，他们学

校是统一教研，老师们总结出每道题的答题模板或者答题要点，学生们会根据这些模板进行专门训练。这个过程就是我上面说的总结答题模板。

我给大家分享一个真实的例子，大家也能更清楚地知道考上清华北大的学生是怎么确保自己能拿到高分，而不是靠考场上的临时发挥的。

下面这一页笔记（@北大付小梦笔记），是一个考上北大的女生总结的。这页笔记，在他们学校被广泛传阅，让很多同学在高考时都多得了十几分。

这是一位来自河南的女生，她当年以全市第一名的成绩考上了北京大学，而且据说她也是他们县有史以来第一个考上北大的文科生。

这页笔记是她总结的高考文综历史大题中"历史事件反映了什么特点"的题目的答题方式。

这个问法的题目，在高考文综大题中是经常会出现的。她总结了这类题目可能的答题角度，也就是答题模板。这些答题角度，是她把近十年

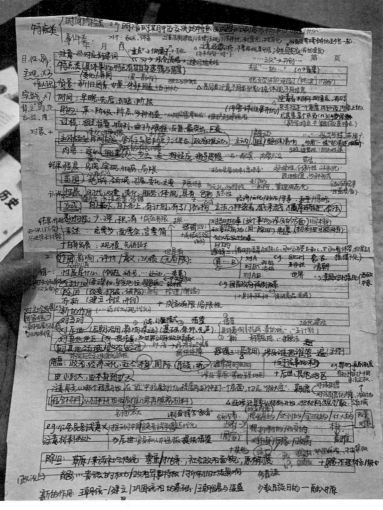

@ 北大付小梦笔记

多个省市区的高考真题和高质量的模拟考题收集过来，将其中这一类型的题目和参考答案找出来，再总结后得出的。

在考试中，遇到"考特点类"的题目，直接按照这个模板，从中选择符合这道题的角度进行作答即可。只要你照此操作下去，就能拿到高分。

所以，说到这里，你应该明白了学霸为什么是学霸，他们到底强在哪里。

在学霸眼中，文科大题并不是玄学，能得到多少分，都是可以确定的。因为，他们已经总结出了答题模板，确保自己一定能得多少分。

希望学霸这样的学习和总结精神，对你的学习有一些心灵上的触动和思维上的启发。

第四节

现实应用，把握"33 原则"

学习知识的最终目的，是用起来。你一定有过这样的感觉，那就是你自己明明已经学懂的知识，在真正使用时，会出现根本不会用或者用起来并不熟练的情况。

那么，在这个部分，我将和你分享一个"33原则"，不仅能让你在学习知识后真正应用起来，还能让你做到举一反三，将知识应用到多个领域。

一、学会知识后，至少用 3 次

志远是我很敬佩的一个同龄人，他在世界

500强企业做高管，同时也是一个斜杠青年，身上有很多标签，比如摄影高手、演讲高手、PPT高手、谈判高手等等。他不仅在这些大的技能方面做得很好，在饭桌礼仪、如何与人沟通、如何求助高手等与人际交往有关的细节方面，也做得很好，而且形成了一套自己的方法论。在他眼中，每件事都可以归纳出一套科学的方法出来，就好像世界上的任何锁，他都有一把对应的钥匙来打开，没有什么事情能够难倒他。

为什么他这么厉害，几乎对任何问题都有自己的应对和解决技巧呢？除了他善于学习外，更重要的是，他能把学到的方法和技巧真正转化为自己的本事，真正做到会用。

其实，前面提到的这些技能，在网上、书上都很容易找到具体的方法。100件事，也就对应100个技能，可能你花一周的时间，都能一一查到，甚至学习完成，这并不是一件很难的事情。真正难的是，这些技能方法你都能真正掌握，而且需要用的时候，你都能马上用出来，也就是真的做到"会用"。

那志远是怎么做到这一点的呢？他的方法就是"至少用3次"。这也是"33法则"的第一个"3"，即你在学习了某种知识后，一定要马上使用至少3次。

志远就是这样做的。他每次学习了一个新的知识或技能后，都会强迫自己马上使用3次。比如当他学会了结识高人的方法后，他就马上去找三位他希望结识的高人，用学到的方法去与他人交际。再比如，他学习了如何高效开会的技巧后，就会在接下来的开会中，至少使用3次。

就是这个"至少用3次"的方法，让他所学的知识和技能，都能很快被他掌握和应用。

知道他的这个方法后，我也进行了试验，效果非常显著。

我经常会给团队成员培训一些内容创作的方法论，但是我发现每次培训完后，有一些人学会了怎么用，而总是有几个人，在学习的时候很认真，不懂的地方就问，但是真正使用时，他并不会。他创作出来的内容，原来是什么样，现在还是什么样，培训前后，没有任何差别。

我就专门找了几个这样的团队成员，询问他们为什么会出现这样的情况，他们答案大多是：虽然知道了这些方法，但是自己做的时候，总想不起来用，还是按照原来的习惯进行内容创作。

后来，在每次培训后，我就会专门要求接受培训的人，用培训的方法马上"使用3次"。比如，如果这次培训是如何把脚本写出画面感，我就会要求大家按照培训的方法，写出3个有画面感的脚本。有些人第一版可能写得不太好，方法也用得不太对，我就会要求他们按照培训的方法进行修改，直到能真正写出画面感。

自从用了"至少用3次"这个方法后，培训的效果明显好转，大家都能在日后的工作中，把培训的方法用起来。当然，我也给大家分享了这个"至少用 3 次"的法则，让大家要刻意去使用它，并要求大家养成"至少用 3 次"的习惯。

一段时间后，团队成员的学习能力就有了很大的提高，我经常能看到他们用一些新的、更好的方法来解决工作中的问题。还有好几个同事和我说，当用了这个"至少用 3 次"的方法后，自己就好像打开了新世界的大门，学会了很多知识，并表示很遗憾没有早点学到这个方法。

所以，要想真正会使用，就需要在学会知识后马上去应用它，而且要"至少用 3 次"，你使用的次数越多，效果自然越好。

二、抓住本质，举一反三

我们每个人每天面临的问题都是不一样的，也很难在解决每个问题之前，提前学好解决这个问题的方法。面对各式各样的问题，我们应该怎么办呢？

我很欣赏的志远，他除了经常使用"至少用3次"这个利器外，还经常使用另外一个利器，那就是：抓住本质，举一反三。

这也就是我们要讲的知识应用的"33法则"的第二个"3"，即"举一反三"。

"举一反三"这个词你肯定不陌生，因为我们自上学时就经常听老师说，学习任何东西都要举一反三。

学会某种知识或方法后，在应用时，更应该做到举一反三。现在我们经常讲一个词，叫"知识迁移"，就是把某个领域的知识迁移到另外一个领域，这其实就是举一反三的意思。

举一个例子，让你感受一下举一反三的神奇效果。

世界顶级咨询公司麦肯锡有一个非常重要的写作工具，叫"金字塔原理"。其核心理念就是，写作要结论先行，先讲结论，再讲具体的论据，而且这些论据需要遵循"MECE 原则"，就是相互独立，完全穷尽。这个原理听起来有点复杂，打个比方，这有点像上学时老师教我们的"总分总"结构。

　　当你学会金字塔原理后，你就可以把它用在写作上了。比如，你想给心仪的女生写一封情书，按照"金字塔原理"，就是先开门见山，说"我喜欢你"，再给出几个具体的证据，来证明这一点。这封情书可以分成三个方面来写，第一个方面写你看到对方的反应，比如"每次一见到你，我就紧张得心扑通扑通地跳，说话都语无伦次了"；第二个方面表达自己的喜欢，比如"你确实是我的理想型，我从小就很清楚，我喜欢清纯可人有才华的女生，而你是那么清纯可人，而且还那么有才华，真的就是我期待的美好女孩儿的样子"；第三个方面表达自己的期望，比如"你似乎也很懂我的心。你每次和我说话，我都能感觉到，你说的每一句话，都是我想听的。如果能每天和你在一起，那人生该多美好啊"。

最后你可以重申一下自己的观点，用一句总结收尾：我想我是真的爱上你了。

当然，你写其他东西，也都可以采用金字塔原理。比如写年终总结，你可以写"今年进步显著"这个主题，具体内容分成三个部分：业绩的进步、技能的进步以及客户好评的提升。

你有没有想过把金字塔原理用在非写作的领域呢？很显然是可以的。金字塔原理的本质就是能够让我们的表达更方便地被他人理解。无论你想表达什么，都可以采用这样的结构，结论先行，让别人一下就知道你要表达的核心主题是什么，接着把这个核心主题分成几个具体的部分来进行具体的阐述。从本质上来讲，就是采用总分总的方法论，让复杂的问题变得清晰简单明了。

理解了这个本质后，我们就可以将其进行知识迁移，举一反三地应用到其他领域。

我们举一个生活中的例子。假设我们要装修

一套房子，按照金字塔原理，看似很复杂的装修问题，立马就清晰了。我们想一下，虽然装修涉及非常多的细小事项，但是我们可以把它分成"设计、施工、采购"这三个大部分，是不是一下子就清晰了？当然，你会说，就分成这三个部分，也很复杂啊。那你可以继续使用金字塔原理进行分解，比如，将设计分解成：先确定总的设计风格，再看对应这个风格的厨房、卫生间、客厅分别应该怎么设计，是不是一下子就清晰了？按照这个方法，每一个部分都可以进行再分解，再复杂的事情，都能做到清晰明了。

你是不是没有想过，一个写作的方法论，还能用在装修房子上？这就是举一反三的意义。

我自己是一个金字塔原理控，我在很多事情上，都会使用这个方法。比如做项目，我就会将复杂的项目拆解成几个部分；给客户做提案，我也会在确定一个主题后，将主题分解成几个具体的部分去论述；设计公司的业务架构，我也是用这个方法。

真正的学习高手，其实都拥有举一反三的能力。他们都是在学会一个方法后，把这个方法应用到很多领域。

再说一个案例。

考上北大的朱宏冰（化名）是一个数学成绩很好的文科生。高中的时候，她的数学经常能考满分，而她班上其他数学成绩很好的同学，只能考到 145 分左右，考不了满分，因为他们经常因为大题的步骤不规范，被扣步骤分。

而朱宏冰之所以能拿满分，是因为她会认真地研究参考答案，看标准答案是怎么写的，然后再训练自己，这样去规范自己的答题步骤，所以，她的答题步骤做得特别好，很少被扣分。

朱宏冰虽然是文科生，但是她文综的成绩并不是那么出众。每次在做文综大题时，她都知道怎么作答，而且答案写得也很长，但是得分情况总是不理想，会被扣不少分数。对于如何提高文综大题的得分这件事，她很发愁。有一天，她忽然想，既然数学可以通过研究标准答案，针对标准答案进行训练，尽量做到规范，那是不是可以把学数学的方法用在文综上呢？于是，她就开始研究文综的标准答案、参考答案，去总结答案的结构、表达方式、措辞用语等，再进行模仿。经过这样的训练，她的文综大题的分数一下就提上去了。后来，她又把模仿参考答案的方法用在了语文主观题的答题上，语文成绩也获得了很明显的提升。

说到这里，大家肯定会说："我知道举一反三的强大效果了。那我该怎么做到举一反三呢？"

四个字：抓住本质！

那怎样抓住本质呢？你需要"类比的能力"。

我们来举一个例子。我们都知道"多元思维"，它被应用在很多地方。比如，在理财领域类比，就是不要把鸡蛋放在一个篮子里；在生活工作中类比，就是任何时候我们都要做一个 B 方案；在农民种田时类比，就是一年不要只种一种农作物。

抓住了这个本质，可以在任何地方使用这个方法。

类比就是让我们学会"举一反三"的核心思维方式，让我们能够把某种知识或方法应用到不同领域，也就是"知识迁移"。学会了举一反三，在学习中，它能帮你发挥出极大的价值，帮你解决很多问题。

第五节

熟能生巧，刻意练习到底怎么做

美国著名心理学家安德斯·艾利克森在"专业特长科学"领域潜心研究几十年，他发现很多领域的专家级人物，比如国际象棋大师、顶尖小提琴家、运动明星、记忆高手、杰出医生等，都在用同样的方法，让自己成为顶级高手。艾利克森对这套方法进行了总结，并将之命名为"刻意练习"，并写成了《刻意练习》这本书，风靡全球。这些大师可以通过刻意练习成为顶级高手，那么你也可以通过刻意练习成为高手。

在前面四个部分，我们讲了四种常见的输出

方式。那么，我们如何把这些输出都做到非常熟练呢？这其实需要"刻意练习"。

相信很多人都听说过"刻意练习"这个词，但具体怎么做，不一定有深刻的认知。那么，在这部分，我们就具体讲解该怎样刻意练习，才能真正做到熟能生巧。可以说，刻意练习是一种常用的学习方法，而且是变成高手的必由之路。

为了方便大家操作，我总结了刻意练习的三个关键要点：目标、突破、反馈。

将这三个要点扩展开来，刻意练习就是：首先确定你想要通过练习达到的目标，在练习的过程中不断突破自己的能力边界，并有导师或教练对你的表现给予反馈，一步步精进，最终达成目标。

接下来，我们就来看具体怎么操作吧。

一、有目标的练习

首先要有明确的练习目标，就是你在练习时

最终要达到什么样的结果。树立明确的目标，能有效地指导你的练习，也能帮你一步步拆解自己的练习步骤，让你的练习可以落地并最终实现。

刻意练习与普通练习的最大区别就是，你是在专门干这件事，而不是随便玩玩。比如你在练习投篮，比起漫无目的地投篮，制订"三分球定点投篮，10个球能进至少5个，而且连续做两组"这样的目标，你的练习效果一定会好很多。

所以，你明白了，为什么都是打篮球，有些人一直是那个水平停滞不前，而有些人却一天天成长为高手，其中最大的原因就是，有没有给自己设定明确的目标。

刻意练习的人在第一次打球时，就给自己定下了"今天我要学会三步上篮，而且每次都能进球"的目标；而下次去打球，他就会给自己定下"今天我要学会连续过人三步上篮，而且不能失败"这样的目标。这样打球的人，久而久之就成了高手。虽然他们可能没有意识到自己是在刻意练习，但实际上他们已经这样做了。

另外，如果你的练习没有目标，就没有办法判断练习是不是有效。如果没有达到目标，你就会想到底是哪些环节出了问题，下次练习的时候，你就会针对性地练习与提高，将问题一个个解决掉，最终达成自己的目标。

二、一点点突破能力边界

如果你想让自己在数学考试中考满分，就需要做一些高难度的试题，而不是一直待在舒适区，仅仅去做那些简单的数学题，那样你的数学水平永远都不会提高。

很多朋友都知道，突破舒适区是提高自己的一种绝佳方式。刻意练习也是一样，要想练习有效，就必须突破自己的能力边界，这个能力边界等同于舒适区。

那么，我们该如何突破舒适区，突破自己的

能力边界呢？

在如何刷题的部分，我们讲过有效刷题也是不断突破舒适区，不断把挑战区一点点变成舒适区。其实这种有效刷题，就是一种刻意练习。

任何的练习和成长，都是循序渐进的。罗马城不是一天建成的，谁也不可能一口吃成一个胖子，凡事都讲求一个过程。因此，在刻意练习的过程中，需要把你现在的最终目标拆解成一个个小目标，然后一步步突破能力边界，达成小目标，最终达成最终目标。

比如，你希望变成篮球三分王，10投8中，而你最开始的水平只是10投3中，那么你的小目标就是，先10投4中，再5中，这样一步步提高。如果你一开始就要求自己变成10投8中，这是不可能的事。

另外，在这样一步步提高自己的刻意练习中，你会因为自己不断取得的成绩，对最终目标的实现越来越有信心。

三、练习过程中要有反馈

当局者迷，旁观者清。一个人在刻意练习的过程中，很难看出自己有哪些问题，需要有人及时给出反馈；只有找到自身的问题及时调整，才能有效提高。

学习过画画、唱歌或者其他技能的朋友，一定有这样的经历。老师教了你练习的方法，你回去练习，然后把作品交上来。老师会根据你的作品，或者你练习时的表现，来给你指出哪里做得好，哪里做得不好，不好的地方应该怎么改进。只有这样，你的练习才更高效。你想，如果你学唱歌，老师把唱歌的方法都教给你了，接着你自己练习；练习完，你并不知道自己唱得到底对不对，气息控制得怎么样。所以，没有反馈的练习，人就像一只无头苍蝇一样，是很难提高的。

这就是刻意练习中反馈的重要性。我们要在刻意练习的过程中，给自己找一个导师或者教练。

如果你能找到自己领域的高手是最好的，让他对你的练习进行反馈。

如果你找不到，也可以在练习的过程中，根据别人的反应进行调整。比如，如果你是一个短视频博主，你的用户和粉丝给你的反应、你的视频受欢迎的程度，都是给你的反馈。

当然，你也别忘了，你自己也是一个很好的反馈者。你可以对自己的练习进行分析，从而给出客观的反馈，指导自己更好地练习。

基于刻意练习的三个要点，你会发现，刻意练习就是要进入"突破→练习→反馈→改进→练习"这样的循环中，不断精进自己，最终做到对一件事情的精通。

第五部分

最佳状态，极简
学习的三个好帮手

本书前面的部分，就是极简学习法的全部内容。那怎样让极简学习法的效果发挥到极致呢？这需要你学习时有极佳的学习状态。

在本书的最后一部分，我将给大家推荐极简学习法的三个好帮手。有了这三个好帮手，在使用极简学习法时，你就能拥有更佳的学习状态，最终达成更好的学习效果。

第一节

三步爱上学习，动力源源不断

广西的杨来（化名）是他们县三十年来第一

个从本县考上清华的学生。他的中考成绩并没有那么好，只排到全县几十名，他从来没有想过自己能考上清华大学，一切的转折发生在中考后的那个暑假。

他家住在广西、湖南、贵州三省交界的偏远山区，从家里到镇上，有将近20公里的山路。这里似乎是一个与外界隔绝的地方，手机没有信号，家里也没有无线网络。他每天唯一的娱乐，就是下田摸鱼，陪伴他的只有家里那只土狗"小黄"。

一个雷雨天的午后，外面满地泥泞，哪里都不能去，他看着屋外，忽然意识到，自己不能一辈子待在这样的大山里，一定要考出去，去看看外面的世界。

本着"一定要考出去"的信念，他从高一开始就拼命努力，拿出一种不达目的誓不罢休的干劲，最终考上了清华。

梦想的力量是无限的，杨来这个"一定要考出去"的梦想，支撑着他努力学习，最终创造了奇迹。

所以，如果你想达到好的学习效果，一定要让自己爱上学习本身，把学习和自己的梦想连接起来，那样你就能拥有源源不断的学习动力，学习效果自然就有保证。毕竟，原始的动力是激发你不断前进的燃料，而你的燃料越充足，你的干劲就越足，即使身体上筋疲力尽，一觉起来依然能量满满。

下面，我就结合杨来的奋斗经历，来讲拥有源源不断的学习动力的关键三步。

第一步：梦想倒推，唤醒心中的渴望。

想让自己拥有源源不断的学习动力，从根源上，就需要把学习和自己的梦想连接起来。换句话说，如果你有强烈的实现梦想的渴望，你就会在学习上加倍努力。

杨来的梦想是摆脱贫穷的生活跳出农村，未来在大城市里立足，所以他决定努力读书，靠读书改变命运。

从这里你可以看出，拥有源源不断的学习动力的第一个关键是学会梦想倒推，唤醒心中的渴望。

马明（化名）在北京的一所初中上学，他从小就不喜欢学习，学习成绩一直上不来。马明的爸爸对此非常着急，就给他找了来自清华大学的李迪（化名）来帮助他提高。

李迪非常擅长梦想倒推法，他就用这套方法来教马明。在李迪的开导下，马明似乎变成了另外一个人，开始主动学习了。

原来，李迪了解到马明的梦想是当一个气象科学家。他对马明说："如果你想当一名气象科学家，要实现这个梦想，你就要考上美国麻省理工学院的气象学相关专业的博士。而要想被美国麻省理工学院录取，你的本科就要学北大的气象学专业。而要考上北大，你就要先考上北京的几所顶级高中，这样才有比较大的可能性。在你所在的中学，你需要考到大概年级前三十名，才能考上顶级高中，也就是说，你现在努力的方向就是考进年级前三十名。"

当李迪与马明分析完这些后，马明意识到，要想实现自己的梦想，眼下的任务就是要找到差距，努力学习。于是为了这个梦想，他开始主动学习。

看完这个案例你应该明白，要想拥有源源不断的学习动力，就要先想想自己的梦想是什么。接着，我们需要把未来的梦想，通过一步步倒推的方式，和现在的学习联系起来，这样眼下的学习就有了根本的动力。

所以，如果你现在还没有学习的动力，那就想想自己的梦想，问问自己心中的渴望，通过一步步的"梦想倒推"，将你的梦想和现在的学习目标连接起来，这样你就能拥有源源不断的学习动力了。

第二步：梦想可视化，让动力更牢靠。

很多人的梦想是模糊的，是虚无缥缈的。很

多人说自己的梦想是当一名科学家，但实际上，他对当上科学家后到底要干什么，是不清楚的。

如果你对梦想的感知只是停留在这个层面，很可能你会因为追求梦想的过程中遇到的一些困难，而止步不前，甚至轻言放弃。

如何让你的梦想变得更牢靠呢？一个很好用的方法就是：梦想可视化。

本节开头说的广西男生杨来（化名），他小时候一直跟着在城里打工的父母，看到了城市里的生活，也感受到了大城市的美好。所以，他的梦想就特别坚定。反过来，如果他从来没有走出过农村，没有看过外面的世界，那么即使他对大城市有向往，因为不知道大城市到底是什么样子，到底有多好，他的动力也就不会变得那么强大。

如果你已经有了梦想，你可以尽量让梦想可视化。最好的办法就是亲眼去看，亲自去感受。比如，你想考到北京的大学，你就来北京看看；你想考上北大，你就去北大参观；你想进入世界

500强企业工作，那你就去他们的办公大楼转转。这些可视化的场景都会在很大程度上激发你的学习动力。

　　我现在工作的地方就在清华大学附近，我每次路过清华大学的门口，都能看见很多来这里拍照合影的学生。而我采访过很多清华北大的学生，他们在回忆自己的学习动力时大都表示，因为参加过清华北大的夏令营、冬令营或者到这里参观过，让他们对清华北大更加向往。心理学研究表明，相比于得到，人更害怕失去。当你自己看过了，体验过了，就会产生一种"已经拥有过了"的感觉，因为不想失去这种拥有感，所以更加渴望得到。当然，当你渴望得到时，动力就更足了。

　　第三步：自我奖励，你会越学越有动力。

　　为梦想奋斗的过程是艰难的，而学习的过程也并不总是那么一帆风顺。虽然有了学习的源动力，但你也需要在学习过程中，为自己不断注入新的动力。

杨来（化名）进入高中后，成绩一直是全年级第一。他得到了老师和同学们的关心关注，他很喜欢这种感觉，当然也非常害怕失去这种感觉，这种危机意识使他拥有了更多的学习动力。因为有了更多的学习动力，他学得更努力了，成绩也越来越好。

如此循环，这种正向的反馈使他不断前进，最终让他考上了清华大学。

所以，我们在学习的过程中，需要找到一些这样的"奖励"。你可以从外界寻找。比如，成绩好了，会被老师表扬；而看到自己的成绩进步，你也会很高兴，会更加热爱学习。

当然，如果无法从外界找到，你也可以自己给自己奖励。比如，成绩提高了，你就犒劳自己，奖励自己去吃一顿大餐；当学会了一项新技能，你就给自己买一件喜欢的衣服或者一件心仪已久的电子产品。这样的方法还有很多，你可以发挥自己的想象去寻找。总而言之，学习有时是很艰苦的，需要耐得住寂寞，你要学会苦中作乐，奖励不断进步的自己，学会为自己鼓掌，这样你就会越学越有动力。

第二节

别迷恋自律，习惯其实更重要

别迷恋自律，因为自律真的没有那么神奇，也没有那么可靠，而且大多数人都很难做到长期自律。

这是我想告诉你的一个关于自律的观点。是不是会颠覆你以前的认知？

在此之前，我想你一定听过很多类似的观点：

人要自律，自律的人才能成功！

成功的人，都是自律的人！

你不成功，是因为你不自律！

虽然我并不否认这些观点，但我想告诉你，我们每个人都可以做到自律，但也都无法做到长期自律。

一、自律的"有限性"，决定了它的不可靠

我先问你一个问题，你觉得奥巴马是一个自律的人吗？请你用十秒钟思考一下。

不用问，99%的人会给出"是"的答案。你会说，奥巴马是一个自律的人，因为他能成为美国历史上第一个黑人总统，而且他的家庭出身很普通，如果他不自律，他怎么能取得这样的成就呢？

好的，我接受你的答案，也更接受你的理由，因为实在是无可挑剔。

可是，你有没有注意到一件事：奥巴马一直希望戒烟，但是他一直都没有真正戒烟成功。

奥巴马在担任美国总统期间，多次对外宣布，甚至对着全世界人民许下承诺，他要在多长时间之内戒烟成功，但是，他并没有成功。虽然中间确实有过短暂的成功，但是他偶尔忍不住时仍然会抽几根。

如果你说奥巴马自律，可他居然连烟都戒不掉，你觉得他还能算得上一个自律的人吗？为什么一个能当上美国总统的人，连烟都戒不掉呢？

从当上美国总统的角度来说，奥巴马是自律的；但是从戒烟的角度评判，他是不自律的。那奥巴马到底是不是一个自律的人？

这似乎很矛盾。

所以这就得出了人性的一个特点，只要是人，都有自律和不自律的两面。不管这个人是奥巴马，还是你自己，都是自律与不自律的综合体。

为什么这么说呢？这就需要我们认识到自律的本质了。

自律的本质，其实是自制力。

人的自制力是有限的。

为什么这么说呢？一个人的自制力就像是装在瓶子里面的水，不同的人，瓶子里面的水并不一样多，也就是说，人的自制力有个体差异，但不管怎样，瓶子里面的水，也就是我们的自制力，都是有限的。如果我们在一件事上耗费了过多的自制力，也就相当于我们倒掉了瓶子里面很多的水，那么瓶子里面的水就所剩不多，也就是在另一件事上剩余的自制力就会变少。

你明白了吧。担任美国总统，是一件非常复杂且难的事情，这需要消耗奥巴马太多的自制力，相当于倒掉了奥巴马自制力瓶中的所有的水，所以，奥巴马就没有自制力能分配在戒烟上了。

这就是奥巴马能当美国总统，但不能戒烟成功的原因了。

自律既然如此有限，对于需要高度且持续自律的学习这件事来说，很显然，自律不是最佳伙伴。

这时，我们应该把我们的目光投向"习惯"。

二、习惯，是更可靠的选择

学习是一个持续的过程，我们要坚持到底，需要使用好"习惯"。

我们先说一下，一个人怎样才能把一件事坚持下去呢？其实符合一个要求就行：得到大于付出。即：得到－付出＞0。

可能有人会反对这个说法，"坚持不就是靠自律吗？我每天早上6点起来学习，就是靠自律。"我想说，如果你每天早上6点起来学习，你可以靠自律坚持一周甚至一个月，但在学习过程中，如果你的付出持续大于你的得到，你的自律可以在一定时期内填补这个差值，但如果你不能在你的自律消耗殆尽之前，让得到大于付出，你一定会在某一刻放弃。因为自律是有限的，你的自律一定会在某一刻耗尽。

既然自律不可靠，那为什么要靠"习惯"呢？

我们来看"得到－付出＞0"这个公式。

做一件事，如果得到大于付出，就说明做这件事的过程是有收获的，整体是"正"的。也就是说，你的收获比你的投入大，你在其中获得了好处。既然有好处可以捞，相当于你是赚的，那自然就能做下去了。

要把学习这件事坚持下去，就要用一切办法，让"得到"大于"付出"。这就需要我们持续提高"得到"，减少"付出"。

首先看提高"得到"。我们可以通过举一反三，把我们学的知识运用到不同的领域，这都是增加"得到"的方法；我们也可以运用前面讲的"爱上学习"，因为我们做自己热爱的事情，肯定很满足开心，也是在提高"得到"。但是，学习能获得的东西一定是有上限的，那么除此之外，我们能做的就是降低付出。

那怎么降低付出呢？

一个是减少学习的时间，我们用本书的极简学习法，花更少的时间获得更好的学习效果，就是在降低付出的同时提高了得到。

另一个就是减少学习过程中消耗的自制力。怎样才能减少消耗的自制力呢？最佳的办法就是"养成习惯"。习惯就是自然而然的行为，你不用经过思考就会去做某件事。比如，你每天早上6点起床学习，刚开始的时候，你肯定是很痛苦的，那么早起床，真是太难做到了。你就需要在被窝里面做心理建设，起床后让自己打起精神来，你在做这些事情的时候都是在消耗你的自制力。但当你已经坚持一周每天6点起床后，你就会发现，没有那么痛苦了，再后来，可能你已经感受不到痛苦了，反而能感受到早上6点起床学习的神清气爽，感受到自己每天学会新知识的满足感了。

所以，培养了良好的习惯，就会减少自制力的消耗。我们在学习的过程中，要做的事情就是，把我们的学习过程培养成一种习惯。

你可以从如下三个方面入手。

固定学习时间：尽量固定自己的学习时间，

每到这个时间点就开始学习，让它成为自己生活的一部分。比如，当你固定的学习时间为每天晚上 8 点到 10 点时，到了 8 点，你就按照习惯自动去学习了，你不用做任何心理建设，因为你已经提前订好了计划，把其他事情都安排在了其他时间。慢慢地，每天晚上 8 点到 10 点的学习就成为你的一种习惯，就慢慢成了你生活的一部分，学习这件事就不用再消耗你的自制力了。

固定学习方法：在学习的过程中，你也要尽量养成习惯。固定学习方法，就是一种很好的习惯。学习方法就是你的学习工具，你的工具越好用，你用得越熟悉，你在做这件事的过程中，就越感觉简单，就越不需要你调用太多的精力去完成学习的过程。这也是一种习惯的养成，能够降低你学习过程中的付出。

固定学习场所：你想象一下，如果你每次学习，都要去想在哪里，是咖啡厅、图书馆还是教室？可能你还没有考虑好到底去哪里，就已经消耗掉你大量的精力了。本来你对学习的兴趣就不大，再想一会儿，可能干脆就不去学习了。所以，如果你要长时间学习，最好把自己的学习场所固定下来，一到时间，直接去固定地点，这也是一种好习惯。

当然，关于学习过程中养成的习惯，你可以根据自己的情况来进行设计，除了这三点，一定还有其他的方法可以让你养成习惯，减少精力的消耗。

我们的核心目的是，能够把所有精力都用到学习本身上，把学习过程中一切辅助学习本身的事项都变成习惯，尽量减少对我们精力的消耗。

相信你经过一段时间的训练，会不断增加"得到"，减少"付出"，养成轻松的学习习惯，拥有最佳的学习状态，取得更好的学习效果。

第三节

干掉拖延，三秒就行

　　拖延可谓学习的最大天敌了，如果你想把学习这件事坚持下去，你必须要战胜拖延。可现实情况是，很多人正在备受拖延症折磨，认为自己就是"拖延症晚期患者"，完全没救了。其实，拖延症并没有那么难克服，利用本书教给你的方法，你不仅会在不经意间将拖延症干掉，还能随时随地开始学习，拥有最佳的学习状态。

一、接受"谁都会拖延"这件事

　　当你想做一件事，但是又忍不住拖延的时

候，你是不是感觉很烦躁、很不安、很焦虑，你想要开始行动，但就是行动不起来，你很纠结，内心也极度挣扎。

如果你陷入这样的状态，那么你要做的第一件事就是：停止焦虑，接受拖延。

前面我们也讲到，在学习的过程中，我们要尽量保护好我们有限的精力，要在任何辅助学习的事情上，减少精力的消耗。而我们因为拖延产生的烦躁、不安，内心的纠结挣扎，都是一种内耗，是极度消耗精力的。而且，你烦躁不安时，也没有办法快速进入学习状态，这些都会对你的学习产生很大的影响。

所以，我们要做的第一件事，就是让自己从这种状态中挣脱出来，停止自我消耗。

患上拖延症的你也许会自责，会觉得这种症状令你很烦躁。其实，拖延并不是你的问题，而是人类的问题，每个人都或多或少地存在拖延症，再成功的人，也都有拖延的一面。

所以，要想摆脱拖延症，第一件事就是接受它，告诉自己"这不是我的错"。

一旦你接受这一点，让自己平静下来，我们就可以进入下一步了。

二、开干：来一个三秒的小仪式

现在，自己默念1、2、3，或者说出来也可以。说完，你就马上开始你的学习，去做你应该做的事。这是给自己的一个三秒仪式。不要小看这个小小的仪式，它是帮你干掉拖延症的最重要的开始。因为，只要你开始了，一切就有了改善的可能。

只要开始，你就不是在拖延了；只要开始行动了，就有可能做下去。

你可能会说，这个小小的默念仪式，有这样神奇的效果吗？不信你可以试试。

三、干下去：只要先干两分钟

"既然已经开始干了，那就先干两分钟吧！"

"管它能不能学到什么，能不能干出点什么。没关系，就是先干两分钟再说，就算我再不行，干两分钟还是可以做到的。"

"就算两分钟没有干出什么结果，也就是浪费两分钟的时间，相比每天24小时，人生几十年，这真的没什么值得可惜的。"

"大不了，干了两分钟就再停下来呗，这又能怎样。"

当你开干后，如果你身体有排斥或者心里有抵触，那就试试把上面的这些话，说给自己听。相信你可以干两分钟的。

当然，这个两分钟是一个虚指，也有可能是三分钟，或者五分钟。这个时间就是你能让自己坚持做一件事的时间。

当你学了两分钟后，我相信你有99%的可能性会继续学下去。很有可能，你能连续学一个小时，甚至两个小时。

还是那句话，如果你不信，那你就试试。

试完后，你肯定会告诉我：原来我真的可以学下去，我好像不会拖延了。

四、先干难事：更高段位根治拖延

当你完成了前三步，你可能会发现，你开始学习了，不再拖延了。那么恭喜你，你已经完成了干掉拖延症的第一个层级；接下来，我们进入干掉拖延症的第二个层级。

人们做一件事的常规思维是由易到难，我们做事都是从简单容易的事情开始做的。然而，当我们在一个时间段内要完成多项任务时，如果我们选择先干那件简单的事情，很可能会让我们形成新的拖延症，也就是在做事的过程中疲于应付难事的拖延症。

美国心理医生 M. 斯科特·派克为成千上万

人治疗了心理问题（当然也包括无数拖延问题），他把自己给大家治疗心理问题的经历，写成了一本心理自助书籍《少有人走的路》。这本书自1979年出版后，已在全球畅销了数十年。在书中，他分享了这样一个真实案例：

不久前，一位30岁的财务专家来就诊，希望我纠正她总是拖延工作的坏习惯。第一个月，我们探讨了她对老板的看法，老板对她的看法，她对权威的认识以及她父母的情况。接着，我们又讨论了她对工作与成就的看法，以及这些看法对她婚姻观、性别观的影响。后来，我们还谈到她与丈夫和同事的竞争心理，以及这种心理给她带来的恐惧感。尽管我们一再努力，但这种常规的心理分析并未触及问题的症结。

直到有一天，我们闯入了一个显而易见、却一直被忽略的领域，才使治疗出现了转机。

"你喜欢吃蛋糕吗？"我问她。

她回答说喜欢。

　　"你更喜欢吃蛋糕呢，还是蛋糕上涂抹的奶油？"我接着问。

　　她兴奋地说："啊，当然是奶油啦！"

　　"那么，你一般是怎么吃蛋糕的呢？"我接着又问。

　　我也许是有史以来最笨的心理医生了。

　　她不假思索地说："那还用说吗，我通常先吃完奶油，然后再吃蛋糕。"

　　就这样，我们从吃蛋糕的习惯出发，重新讨论她对待工作的态度。正如我预料的那样，在上班的第一个小时里，她总是先完成容易和喜欢做的工作，而在剩下的六个小时里，面对那些棘手的差事，她总是尽量回避，结果，不知不觉时间就过去了，工作却拖延了下来。我建议她从现在开始，在上班第一个小时里，强迫自己先去解决那些棘手的差事，而在剩下的时间里，工作就变得相对轻松了。考虑到她学的是财务管理，我就这样给她解释其中的道理：按一天工作七个小时计算，一个小时的痛苦，加上六个小时的幸福，显然要比一个小时的幸福加上六个小时的痛苦划算。她完全同意我的看法，并坚决照此执行。由于她是一个意志坚定的人，所以，不久就彻底克服了拖延工作的坏毛病。

看完这个案例，大家应该明白了。如果先干简单的事，就会让自己一直回避那件难的事，这样就会一直在做事的过程中拖延。

把这件事放到学习上就是有畏难情绪，虽然在学习，但总是挑简单容易的学，回避难的部分，这就是一种新的拖延。这在学习上是很可怕的，因为这样下去，你可能永远都不会有提高，永远都不能让自己的学习有突破，很可能学了很久，你还是没有任何收获。在本书"深度消化"的部分，我就讲了要消除畏难情绪，勇敢开始攻克难点的问题，那样你才能获得真正的提高。这其实就是一种消除学习过程中出现的拖延症的方法。

根据上面的案例，相信你应该明白了，要干掉这种拖延症，你要做的就是：改变做事的顺序，延迟满足。

延迟满足，意味着不贪图暂时的安逸，重新设置人生快乐与痛苦的次序：首先，面对问题并感受痛苦；其次，解决问题并享受快乐。这是简单易行的生活方式。

看到这里，你是不是发现，干掉拖延症其实非常简单，低段位的拖延症，你按照"接受、三秒开干、先干两分钟"的方法去做就能解决；而对于高段位的拖延症，即过程中的拖延症，你只需要调换一下学习和做事的顺序，就能轻松解决。

图书在版编目（CIP）数据

极简学习法 / 廖恒著.-- 北京：北京联合出版公司，2022.5
ISBN 978-7-5596-5938-5（2024.7重印）

Ⅰ.①极… Ⅱ.①廖… Ⅲ.①学习方法 – 青少年读物
Ⅳ.①G791-49

中国版本图书馆CIP数据核字(2022)第049809号

极简学习法

作　　者：廖　恒
出 品 人：赵红仕
责任编辑：徐　樟
图书策划：蔺亚丁
封面设计：仙　境
版式设计：姜　楠

北京联合出版公司出版
（北京市西城区德外大街83号楼9层　100088）
北京时代华语国际传媒股份有限公司发行
唐山富达印务有限公司印刷　新华书店经销
字数102千字　880毫米×1230毫米　1/32　8.5印张
2022年5月第1版　2024年7月第22次印刷
ISBN 978-7-5596-5938-5
定价：45.00元